이윤지 지음

가자! 우리나라 국립공원 1

아이휴먼

작가의 말

    2021년 여름부터 미국에서 보낸 2년 동안, 저는 지리 교사로서 평소 가 보고 싶었던 북미 대륙 곳곳을 참 부지런히도 다녔습니다. 때때로 학교, 교실, 수업 시간이 그립기도 했지만 한편으로는 '가르치는 즐거움'에서 '배움의 즐거움'을 느낄 수 있는 시간이 되었지요. 특히 100군데가 넘는 미국의 국립공원을 방문하며 미국의 다양한 지형과 기후, 문화와 역사를 이해하고 배울 수 있어 참 뜻깊은 시간이었습니다. 이때의 경험으로 미국 국립공원의 교육적 효과에 큰 관심을 가지게 되었어요.

    전 세계에서 국립공원 제도를 처음 시작한 미국은 일찍이 국립공원을 교육용 콘텐츠로도 잘 활용한 나라입니다. 대표적인 것이 주니어레인저

(Junior Ranger) 프로그램이죠. 미국 국립공원의 주니어레인저 프로그램은 어린이 탐방객이 자기주도적으로 활동을 수행하며 국립공원의 가치를 배우고 깨달을 수 있도록 돕는 교육적인 목적으로 시작되었어요. 이를 통해 아이들은 꾸준히 국립공원에 관심을 가지고 그 보호에 힘쓰는 어른으로 성장할 수 있지요.

미국 국립공원 주니어레인저 프로그램 진행 과정을 보며 가장 인상적이었던 것은 프로그램 참여자들이 자율적으로 과제를 해결하는 모습이었어요. 참여자들의 적극적인 자세는 활동을 완수하면 받을 수 있는 배지(Badge)도 한몫을 해요. 방문자센터(우리나라 국립공원의 탐방지원센터 및 탐방안내소와 유사함)에서 감독 레인저가 참가자들이 과제를 잘 마쳤는지 확인하고 배지를 주지요. 사실 참여자들이 흥미를 잃지 않고 끝까지 과제를 수행하도록 돕는 것은 워크북 내용과 구성의 역할이 더 커요.

미국 국립공원 주니어레인저 프로그램 워크북은 해당 국립공원의 특성을 바탕으로 제작되었기 때문에 자연스럽게 국립공원에 대한 이해와 관심을 높입니다. 뿐만 아니라 재미있는 놀이처럼 수행하는 과제는 국립공원을 더 친근하게 느껴지도록 하지요. 이러한 교육 프로그램은 아이들의 호기심과 탐구심을 자극하여, 아이들이 적극적이고 자기주도적인 학습 태도를 가질 수 있게 합니다. 실제로 많은 연구 결과, 야외 답사를 경험한 학생이 그렇지 않은 학생에 비해 분석, 유추, 적용 등 높은 수준의 학습에서 우위를 보인다고 알려졌어요. 또 야외 답사를 통해 스스로 탐구하고 과제를 완성한 경험을 한 학생들일수록 학습 경험을 더 소중히 여기고 학습에 대한 관심도 더 높다고 합니다.

제 아이는 가족과 함께 미국에서 지내는 동안 수많은 주니어레인저 프로그램에 참여했습니다. 아이는 영어가 서툴렀던 초반에는 워크북의 내용을 읽는 것조차 주저했지만 어느새 모인 수십 개의 배지를 보며 성취감과 흥미를 느끼기 시작했어요. 그리고 스스로 가고 싶은 국립공원을 말하고 주니어레인저 워크북 활동도 어른의 도움 없이 완성했지요. 가장 인상적이었던 것은 아이가 주니어레인저 프로그램을 즐거운 경험이라고 생각한다는 것이었습니다. 부모로서 아이가 배움의 과정을 즐겁게 받아들이는 모습을 바라보는 것이 참 행복했습니다.

어느 날, 아이가 우리나라 국립공원에서도 주니어레인저 프로그램을 할 수 있는지 물어 왔어요. 미국 국립공원에서 얻은 즐거운 경험이 우리나라 국립공원에 대한 관심으로 이어진 것이지요. 곧바로 저도 우리나라 국립공원에, 특히 현재 국립공원에서 제공하는 아이들을 위한 프로그램에 관심을 가지고 찾아보았어요.

우리나라에서는 일부 국립공원에서 연령에 따라 체험 프로그램(프로그램 명이 주니어레인저 프로그램인 곳도 있음)을 운영하기도 하지만, 아직까지는 상시적으로 운영되는 프로그램이나 워크북 및 인증서 제도가 있는 곳은 찾기 어려웠어요. 게다가 서점에서도 초등학생부터 중고등학생들이 국립공원에 대해 알 수 있도록 안내하는 적절한 책과 워크북을 찾아볼 수 없었지요. 그래서 우리 땅에서 성장하는 어린이들에게 직접 쓴 국립공원 책을 선물하고 싶었어요.

이 책에 어린이들과 청소년들이 우리나라 국립공원에서 배움의 즐거움을 알아 가며 몸과 마음이 건강하게 자라길 바라는 마음을 담았습니다. 나아가 여러분이 우리 땅과 자연을 사랑하고 그 소중함을 아는 사람으로 성장하길 진심으로 바랍니다.

대한민국 지리 교사
이윤지

차례

작가의 말 ································· 004

국립공원을 알아봐요 ················· 010

지리산국립공원 ······················· 024

경주국립공원 ·························· 044

계룡산국립공원 ······················· 064

한려해상국립공원 ···················· 084

설악산국립공원 ······················· 104

속리산국립공원	128
한라산국립공원	146
내장산국립공원	166
가야산국립공원	186
덕유산국립공원	208
오대산국립공원	232

국립공원을 알아봐요

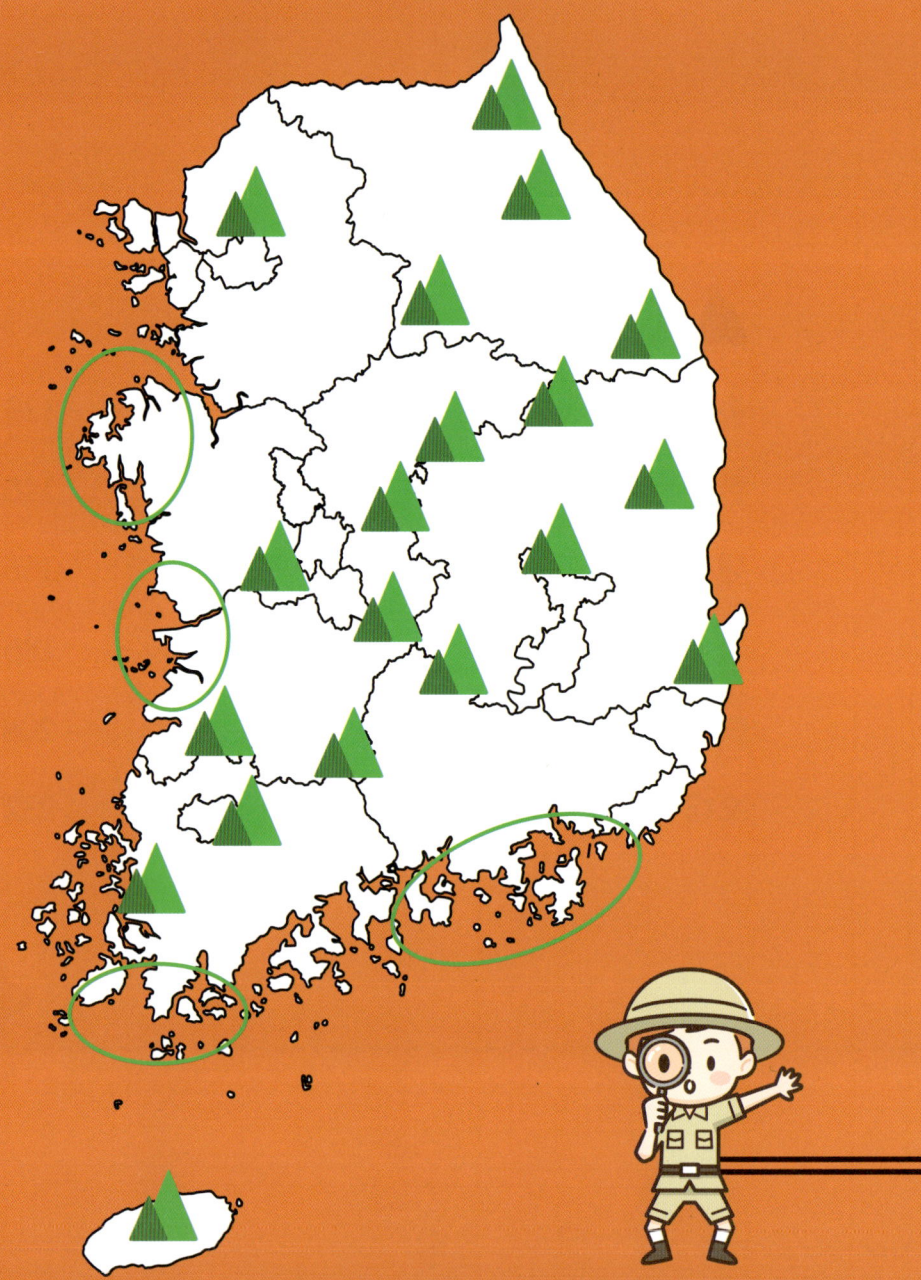

교과 과정과 연계되어 있어요!
* 2022 개정 교육과정 기준

1. **우리나라의 국립공원**
   초등 사회 5~6학년군
   ① 우리나라 국토 여행

2. **국립공원에는 어떤 동식물이 있을까?**
   초등 과학 3~4학년군
   ② 동물의 생활, ③ 식물의 생활

3. **국립공원에는 어떤 문화유산이 있을까?**
   초등 사회 3~4학년군
   ⑥ 우리 지역의 문화유산
   초등 사회 5~6학년군
   ④ 유적과 유물로 살펴본 옛사람들의 생활

우리나라의 국립공원

국립공원이란?

우리나라에는 '자연공원법'이라는 법률이 있어요. 여러 지역 중 자연생태계·경관 등의 기준에 따라 자연공원을 지정하여 보전하고 지속 가능한 이용을 도모하기 위한 법률이지요.

이 법률에 따라 우리나라 곳곳에 많은 자연공원이 지정되었는데, 그 가운데 '우리나라를 대표할 만한 지역'으로 환경부에서 지정하여 관리하는 공원을 '국립공원'이라고 합니다.

그러면 어떤 곳이 국립공원으로 지정될 수 있을까요?

국립공원으로 지정되려면 자연공원법시행령의 규정에 따라 다음의 5가지 기준을 충족하여야 합니다.

① 자연생태계
: 자연생태계의 보전 상태가 양호하거나 멸종위기 야생동식물·천연기념물·보호 야생동식물 등이 서식할 것.

㉡ 자연경관

: 자연경관의 보전 상태가 양호하여 훼손이나 오염이 적으며 경관이 수려할 것.

㉢ 문화경관

: 국가유산 또는 역사적 유물이 있으며, 자연경관과 조화되어 보전의 가치가 있을 것.

㉣ 지형 보존

: 각종 산업개발로 경관이 파괴될 우려가 없을 것.

㉤ 위치 및 이용 편의

: 국토의 보전·이용·관리 측면에서 균형적인 자연공원의 배치가 될 수 있을 것.

2025년 현재 우리나라에는 23곳의 국립공원이 지정되어 있습니다. 어디인지 지정 순서대로 알아볼까요?

지정 순서	공원명	지정 연도	유형
1	지리산국립공원	1967년	산악형
2	경주국립공원	1968년	사적형(유일함)
3	계룡산국립공원	1968년	산악형, 도시근교형
4	한려해상국립공원	1968년	해상·해안형
5	설악산국립공원	1970년	산악형
6	속리산국립공원	1970년	산악형
7	한라산국립공원	1970년	산악형
8	내장산국립공원	1971년	산악형
9	가야산국립공원	1972년	산악형
10	덕유산국립공원	1975년	산악형
11	오대산국립공원	1975년	산악형
12	주왕산국립공원	1976년	산악형

지정 순서	공원명	지정연도	유형
13	태안해안국립공원	1978년	해상·해안형
14	다도해해상국립공원	1981년	해상·해안형
15	북한산국립공원	1983년	산악형
16	치악산국립공원	1984년	산악형, 도시근교형
17	월악산국립공원	1984년	산악형
18	소백산국립공원	1987년	산악형
19	변산반도국립공원	1988년	해상·해안형, 반도형
20	월출산국립공원	1988년	산악형
21	무등산국립공원	2013년	산악형, 도시근교형
22	태백산국립공원	2016년	산악형
23	팔공산국립공원	2023년	산악형

국립공원 깃대종이 뭐지?

깃대종(Flagship species)은 특정 지역의 생태·지리·문화적 특성을 반영하는 상징적인 야생동식물로서, 사람들이 보호해야 할 필요성이 인정되는 종입니다. 국립공원공단은 2007년부터 전국에 총 43종의 야생동식물을 깃대종으로 지정하여 관리하고 있어요.

깃대종 선정 현황

구분	식물	포유류	조류	양서류 파충류	곤충류	어류	총
종수	22종	8종	6종	3종	1종	3종	43종

한라산국립공원은 제주특별자치도에서 별도로 관리하기 때문에, 깃대종 통계에서 한라산국립공원의 깃대종은 제외되었어요.

국립공원에 어떤 깃대종들이 있을까?

우리나라에서는 국립공원마다 대표적인 동물과 식물을 한 종씩 깃대종으로 선정해 관리하고 있어요. 어떤 깃대종이 있는지 알아볼까요?

지정 순서	공원명	깃대종
1	지리산국립공원	반달가슴곰, 히어리
2	경주국립공원	원앙, 소나무
3	계룡산국립공원	호반새, 깽깽이풀
4	한려해상국립공원	팔색조, 거머리말
5	설악산국립공원	산양, 눈잣나무
6	속리산국립공원	하늘다람쥐, 망개나무
7	한라산국립공원	산굴뚝나비, 구상나무
8	내장산국립공원	비단벌레, 진노랑상사화
9	가야산국립공원	삵, 가야산은분취
10	덕유산국립공원	금강모치, 구상나무
11	오대산국립공원	긴점박이올빼미, 노랑무늬붓꽃
12	주왕산국립공원	솔부엉이, 둥근잎꿩의비름
13	태안해안국립공원	표범장지뱀, 매화마름
14	다도해해상국립공원	상괭이, 풍란
15	북한산국립공원	오색딱따구리, 산개나리
16	치악산국립공원	물두꺼비, 금강초롱꽃
17	월악산국립공원	산양, 솔나리
18	소백산국립공원	여우, 모데미풀
19	변산반도국립공원	부안종개, 변산바람꽃
20	월출산국립공원	남생이, 끈끈이주걱
21	무등산국립공원	수달, 털조장나무
22	태백산국립공원	열목어, 주목
23	팔공산국립공원	담비, 국화방망이

우리나라 문화유산, 어떻게 구분할까?

우리나라 문화유산은 크게 국가 차원에서 지정하여 보호하는 '국가 지정유산'과 시나 도 차원에서 지정하여 보호하는 '시·도 지정유산', 그리고 '비지정유산'으로 나뉘어요.

이 중 국가 지정유산은 문화유산법·자연유산법·무형유산법에 의하여 설치된 위원회의 심의를 거쳐 국가유산청장이 지정한 국가유산을 말해요. 국가 지정유산은 국보·보물·사적·명승·천연기념물·국가 무형유산 및 국가민속 문화유산 등 7개 유형으로 구분됩니다.

어떤 것들인지 살펴볼까요?

국보

국보(國寶)는 '국가의 보물'이라는 뜻이에요. 보물에 해당하는 문화유산 중 인류 문화의 견지에서 그 가치가 크고 유례가 드문 것을 국보로 선정해 보호해요. 서울 숭례문, 경주 석굴암 석굴, 훈민정음 등을 비롯해 350여 점의 문화유산이 국보로 지정되었어요.

보물

건물, 서적·고문서·회화·조각·공예품·고고* 자료·무구 등 유형 문화유산 중 중요한 것들이에요. 서울 흥인지문, 대동여지도 등이 속해요. 보물 중에서도 특히 가치가 큰 유산은 '국보'로 선정해 관리합니다.

사적

문화유산 중 역사적으로 의미 있는 유적이나 시설의 자취 중 중요한 것이에요. 수원 화성, 경주 황룡사지, 경주 포석정지 등이 속해요.

명승

자연유산 중 경치가 좋은 곳으로서 중요한 장소들이에요. 강릉 명주 청학동 소금강, 여수 상백도·하백도 일원, 거제 해금강, 부안 채석강·적벽강 일원 등이 있어요.

천연기념물

기념물 중 동물(서식지·번식지·도래지 포함), 식물(자생지 포함), 지질·광물로서 중요한 것들이에요. 대구 도동 측백나무 숲, 노랑부리백로, 경산의 삽살개, 설악산 천연 보호구역 등이 있어요.

---

* 고고(考古) : 옛 유물과 유적으로 고대의 역사적 사실을 연구함.

국가 무형유산

무형(無形)은 형태가 없다는 뜻이에요. 국가 무형유산은 여러 세대에 걸쳐 전승되어 온 무형의 문화적 유산 중 역사적·학술적·예술적·기술적 가치가 있는 것, 지역 또는 한국의 전통문화로서 대표성을 지닌 것, 사회문화적 환경에 대응하여 세대 간의 전승을 통해 그 전형을 유지하고 있는 것들을 말해요. 종묘제례악, 양주별산대놀이 등이 속해요.

국가 민속 문화유산

의식주·생산·생업·교통·운수·통신·교역·사회생활·신앙·민속·예능·오락·유희 등으로서 중요한 것들이에요. 덕온공주 당의, 안동 하회마을 등이 속해요.

국립공원에 어떤 문화유산이 있을까?

지정 순서	공원명	주요 문화유산
1	지리산국립공원	화엄사 각황전, 화엄사 사사자 삼층석탑, 쌍계사 석등 등
2	경주국립공원	불국사 다보탑, 불국사 삼층석탑, 석굴암 등
3	계룡산국립공원	갑사 동종
4	한려해상국립공원	금산, 해금강지구
5	설악산국립공원	설악산 천연 보호구역, 공룡능선, 울산바위
6	속리산국립공원	법주사 쌍사자 석등, 석련지, 팔상전, 정이품송

지정 순서	공원명	주요 문화유산
7	한라산국립공원	제주도 한라산
8	내장산국립공원	단풍나무, 내장사, 백양사
9	가야산국립공원	해인사 대장경판, 장경판전, 고려대장경 (고려대장경은 고려에서 간행한 대장경으로, 초조대장경과 속대장경, 팔만대장경을 통틀어 이름.)
10	덕유산국립공원	적상산성, 매월당부도
11	오대산국립공원	상원사 동종, 월정사 팔각구층석탑
12	주왕산국립공원	대전사
13	태안해안국립공원	할미 할아비 바위
14	다도해해상국립공원	국내 최초 슬로시티 청산도, 청산도 구들장논, 명품마을 상서마을
15	북한산국립공원	진흥왕 순수비지
16	치악산국립공원	원성 성남리 성황림
17	월악산국립공원	덕주사 마애불, 미륵리 오층석탑
18	소백산국립공원	부석사 무량수전, 무량수전 앞 석등, 조사당
19	변산반도국립공원	부안 내소사 대웅보전, 내소사 동종
20	월출산국립공원	무위사 극락전, 도갑사 해탈문, 마애여래좌상
21	무등산국립공원	주상절리대(서석대, 입석대)
22	태백산국립공원	천제단
23	팔공산국립공원	영천 거조사(거조암) 영산전, 아미타여래삼존 석굴, 동화사 마애여래좌상

유네스코 세계유산에 대해 알아보자

유네스코는 미래 세대에게 물려줄 가치가 있는 자연이나 문화적 자산을 지정해 인류 공동의 재산으로 보존·관리합니다. 유네스코 유산은 크게 ① 세계유산 ② 무형 문화유산 ③ 세계 기록유산으로 나뉩니다.

이 중 세계유산은 다시 문화유산, 자연유산, 복합유산으로 나뉘어요. 문화유산은 유적지·건축물·조각·그림 등을, 자연유산은 과학적·미적으로 중요한 가치를 지닌 자연지역을 말합니다. 복합유산은 문화유산과 자연유산의 특징을 함께 갖춘 유산이에요.

무형 문화유산은 입에서 입으로 전해 내려온 언어·문학·음악·춤·습관 등을 아우르고, 세계 기록유산에는 기록을 담은 책·오디오·비디오 등이 포함됩니다.

유네스코 세계유산에 등재된다는 건 그 유산이 전 인류가 함께 보호해야 할 가치 있는 '공동 자산'임을 인정받는 거예요. 무엇보다 중요한 것은 유네스코 유산을 둔 국가의 자긍심이 올라가고, 유산을 원상태로 보존하기 위해 노력하게 되는 효과가 있다는 것이지요.

다음은 우리나라가 보유한 유네스코 세계유산 목록입니다.

번호	유산	유형	지정 연도
1	석굴암과 불국사	문화유산	1995년
2	종묘	문화유산	1995년
3	해인사 장경판전	문화유산	1995년
4	수원 화성	문화유산	1997년

번호	유산	유형	지정 연도
5	창덕궁	문화유산	1997년
6	경주 역사 유적지구	문화유산	2000년
7	고창·화순·강화의 고인돌유적	문화유산	2000년
8	제주 화산섬과 용암 동굴	자연유산	2007년
9	조선 왕릉	문화유산	2009년
10	한국의 역사 마을 (하회마을, 양동마을)	문화유산	2010년
11	남한산성	문화유산	2014년
12	백제 역사 유적지구	문화유산	2015년
13	산사, 한국의 산지 승원	문화유산	2018년
14	한국의 서원	문화유산	2019년
15	한국의 갯벌	자연유산	2021년
16	가야 고분군	문화유산	2023년

지리산국립공원

> 교과 과정과 연계되어 있어요!
> * 2022 개정 교육과정 기준

1. **지리산국립공원을 소개합니다**
   초등 사회 5~6학년군
   ① 우리나라 국토 여행

2. **지리산국립공원의 깃대종**
   초등 과학 3~4학년군
   ② 동물의 생활, ③ 식물의 생활

3. **지리산국립공원의 자연**
   초등 과학 3~4학년군
   ② 동물의 생활

4. **지리산국립공원에서 만나는 우리 역사와 문화유산**
   초등 사회 3~4학년군
   ⑥ 우리 지역의 문화유산

1 지리산국립공원을 소개합니다

지리산국립공원은 어떤 곳일까?

지리산국립공원은 1967년에 지정된 우리나라 최초의 국립공원이에요. 국립공원 중 면적이 가장 넓은 산악형 국립공원으로, 전라남도 구례군, 전북특별자치도 남원시, 경상남도 함양군, 하동군, 산청군에 걸쳐 둘레가 약 320km나 된답니다. 지리산은 특히 우리나라 산악의 대표성과 상징성 그리고 역사성을 고루 갖춰 흔히 민족의 영산으로 불리기도 해요. 여러 지형이 발달하고 숲이 울창해 많은 동식물이 살고, 문화유산도 풍부하지요. 그만큼 등산 코스도 다양하고 볼거리, 즐길 거리도 많은 곳이랍니다. 자연 해설 프로그램이 운영되어 자연경관을 직접 느끼고 배울 수도 있어요.

지리산 이름의 유래

지리산은 천왕봉(1,915m), 반야봉(1,732m), 노고단(1,507m)을 중심으로 수많은 봉우리가 병풍처럼 펼쳐져 있습니다. 너른 품을 가진 모습이라 '어머니와 같은 산'이라고도 하지요. 그 넓은 품만큼이나 다양한 이름을 가지고 있어요.

우선 널리 알려진 지리산의 옛 이름은 '두류(頭流, 頭留)산'입니다. 백두산의 산맥이 뻗어 내려 이곳에 이른 것이라 하여 두류산이라고 불렸대요. 또 다른 이름으로는 방장산(方丈山), 방호산(方壺山), 남악산(南岳山), 불복산(不伏山), 봉익산(鳳翼山), 부산(富山), 신산(神山), 황우협(黃牛脅), 적구산(赤狗山) 등이 있지요.

지금의 지리산은 보통 한자로 '智異山' 또는 '地理山' 이렇게 씁니다. 이 중 '智異'는 '슬기 지' 자와 '다를 리(이)' 자로, 어리석은 사람이 머물면 지혜로운 사람으로 달라진다는 뜻이지요. 887년 쌍계사에 세워진 진감선사탑비(국보 제47호)에 이 한자 표기가 처음 등장했어요. 그밖에 『삼국유사(三國遺事)』와 『삼국사기(三國史記)』, 『고려사(高麗史)』 등에도 지리산이라는 명칭이 두루 쓰였어요.

지리산국립공원의 깃대종

지리산국립공원 깃대종 ① 반달가슴곰

　반달가슴곰은 현재 우리나라에서 서식하는 야생동물 중 가장 몸집이 큰 동물입니다. 그러나 멸종위기에 놓여 국제적으로 보호를 받고 있어요. 우리나라는 1982년 11월부터 반달가슴곰을 천연기념물로 지정해 보호해 왔지요. 현재는 약 90마리 정도가 지리산, 설악산, 오대산, 향로봉 등지에 남아 있는 것으로 추정됩니다.

　반달가슴곰은 산악지역의 울창한 활엽수림에 살고, 동굴이나 나무 굴에서 겨울잠을 자요. 나무를 잘 타고 뒷걸음쳐서 내려올 줄도 알지요. 바위 절벽도 잘 기어오르며 4~5m 너비쯤은 가뿐히 건너뛴답니다. 눈은 안 좋은 편이지만 귀는 아주 밝아서, 300m 거리에 있는 사람 발소리도 들을 수 있어요. 그리고 똥을 아주 푸지게 쌉니다. 똥의 생김새는 길고 뭉툭하지요. 묽은 똥은 소똥처럼 보이기도 해요. 반달가슴곰은 잡식성이라 똥에 열매 씨나 껍질, 풀과 나무, 곤충 껍질, 짐승 털과 뼈 부스러기 등 온갖 것이 다 들어 있어요.

- 옆으로 돌출된 귀
- 넓은 이마
- 뾰족하고 짧은 코
- 광택이 도는 검은색 몸
- 앞가슴의 반달 모양이 특징이에요. 개체마다 모양이 다르며, 무늬가 없기도 해요.
- 발이 약한 편이고 발가락이 짧아요. 그러나 발톱은 아주 날카로워요.

분류 : 식육목 곰과 포유류
멸종위기 등급 : 1급
서식지 : 한국 백두대간·지리산, 중국 북동부·연해주
몸길이 : 약 1.9m
체중 : 약 80~200kg
식성 : 잡식성

앞발과 뒷발 모두 발가락이 5개씩이고, 발톱이 또렷하게 찍힙니다.

지리산국립공원 깃대종 ② 히어리

지리산의 구례 천은계곡, 산청 대원사계곡, 하동 대성계곡, 남원 뱀사골계곡 등 저지대에서 나를 찾아보렴.
단, 눈으로만 감상하는 것 알고 있지?

분류 : 조록나뭇과
높이 : 2~4m
개화 시기 : 3~4월
열매 익는 시기 : 9~10월

히어리는 전 세계에서 오직 우리나라에서만 자라는 우리 나무예요. 이런 나무를 일컬어 '특산 나무'라고 하지요. 히어리가 처음 발견된 곳은 우리나라 남부 지방이에요. 꽃이 잎보다 먼저 나는데, 4월에 길게 늘어진 노란색 꽃이 피어요.

지리산국립공원에서는 주로 정상이 아닌 산록부* 양지바른 지역에서 관찰되지요. 자라는 곳이 얼마 안 되는 귀한 나무라서 법으로 '희귀식물'로 정하고 자라는 곳을 보호하고 있어요. 희귀식물은 일반적으로 보호되어야 하는 자생지의 식물로서, 개체군이 극히 적거나 감소하여 보전이 필요한 식물이에요. 종의 지리적 분포 영역, 서식지의 특이성 정도 및 지역 집단의 크기를 고려하여 희귀성의 범주를 설정해요.

---

* 산록부 : 산의 아래쪽에 완만한 경사가 나타나는 부분.

지리산국립공원의 자연

겨울잠을 자는 동물들

반달가슴곰은 가을에 엄청나게 먹고 겨울잠에 들기 전에 살을 찌웁니다. 가장 즐겨 먹는 것은 도토리로, 참나무 위로 올라가 도토리를 훑어 먹어요. 겨울잠 준비를 끝낸 반달가슴곰은 속이 비어 있는 나무통이나 직접 판 굴에 들어가서 겨울을 보냅니다. 특히 암컷 반달가슴곰은 겨울잠을 자면서 두 마리 정도의 새끼를 낳고, 2개월 넘게 젖을 먹여서 키워요. 봄이 오면 겨울잠에서 깨어난 어미가 굴 밖으로 나올 때 새끼도 따라 나오지요.

겨울잠을 자는 다른 동물

겨울이 되면 기온이 떨어지고 먹을 게 부족합니다. 이때 몇몇 동물들은 굴이나 땅속에 들어가 깊은 겨울잠에 빠져드는데, 동물마다 잠자는 방식도 다르다고 해요. 체온을 항상 일정하게 유지하는 정온동물(항온동물)과 체온을 조절하는 능력이 없어 외부 온도에 따라 체온이 변하는 변온동물의 겨울잠 특징을 살펴볼까요?

	정온동물	변온동물
겨울잠을 자는 이유	날이 추워지면 먹이를 구하기가 힘들어 체온 유지가 어려우므로 에너지 소모를 최대한 줄이기 위해 겨울잠을 잠.	외부 기온에 따라 체온이 0도 이하로 내려갈 경우 얼어 죽기 때문에 체온을 유지해 생존하기 위해 겨울잠을 잠.
겨울잠을 자는 장소	동굴, 땅속, 나무 밑 등	깊은 땅속, 물 밑, 돌 밑, 낙엽이 우거진 곳 등
사례 동물	포유류, 조류(곰, 다람쥐, 오소리, 너구리 등)	무척추동물, 어류, 양서류, 파충류(개구리, 두꺼비, 거북이, 뱀 등)

아무거나 먹으면 위험해! 비슷해서 더 위험한 나물과 독초 비교하기

겨울이 지나고 봄이 오면 산나물과 약초를 채취하러 가지요. 그런데 독초를 나물이나 약초로 잘못 알고 섭취해 부작용이나 식중독을 겪는 사례가 빈번하게 발생합니다. 정보가 없으면 식용이 가능한 산나물과 유사한 독초를 구별하기 어려우니, 미리 공부해서 그 특성을 잘 파악해 두면 좋겠지요?

박새, 여로, 산마늘은 비슷하지만 달라!

박새(독초)

잎 여러 장이 촘촘히 어긋나 자라고, 잎의 아랫부분은 줄기를 감싸고 있으며, 잎의 가장자리는 털이 많고 주름이 뚜렷하지요.
박새는 뿌리를 약용으로 이용할 수 있으나 독성이 강해서 주의가 필요합니다. 옛날에 사약을 만들 때 쓰이기도 했어요.

여로(독초)

여로의 원줄기 아랫부분은 그물과 같은 섬유로 싸여 있고, 잎에는 털이 많으며 대나무 잎처럼 나란히맥이 많고 주름이 깊게 져 있어요.
여로는 뿌리를 약용으로 이용할 수 있으나 독성이 강해 바르는 용도로 많이 씁니다.

산마늘(식용)

뿌리가 파 뿌리와 비슷하며, 길고(20~30cm) 넓은(4~7cm) 잎이 두세 장씩 달려 있어요.
쌈으로 먹기도 하는 산마늘은 이름처럼 강한 마늘 냄새가 납니다.

동의나물, 곰취, 머위는 비슷하지만 달라!

동의나물(독초)

동의나물은 향이 없으나 독성이 매우 강합니다. 잎 앞뒤로 광택이 있으며 잎끝이 둥글고 무딘 것이 특징이에요. 습지에서 잘 자라고 잎이 두꺼우며 털이 없어요.

곰취(식용)

곰취는 한 줄기당 잎이 세 장씩 나는데, 생김새가 머위와 흡사합니다. 잎 가장자리에 규칙적인 톱니가 있고, 잎의 앞면은 진한 녹색이며 뒷면은 연한 녹색이에요. 곰취라 불리게 된 것은 잎이 곰의 발바닥을 닮았기 때문이래요.

머위(식용)

머위는 주로 음지나 습지에서 자랍니다. 길게 자란 잎자루를 데쳐 나물로 먹는데, 독특한 향기가 있고 쓴맛이 강해요. 어린잎을 데쳐서 쌈으로 먹기도 해요.

4 지리산국립공원에서 만나는 우리 역사와 문화유산

문화유산으로 가득한 구례 화엄사와 하동 쌍계사

화엄사의 역사와 문화유산

화엄사

화엄사는 전라남도 구례군에 있는 오래된 사찰입니다. 화엄사의 '화'는 꽃, '엄'은 부처님에게 향이나 꽃을 올려 장식하는 '장엄(莊嚴)'을 말합니다. 이때 꽃은 세상의 아름다운 꽃은 물론, 이름 없는 온갖 꽃들을 모두 포함해요. 화엄사라는 이름은 불교 경전인 『화엄경(華嚴經)』에서 유래됐는데, 『화엄경』은 불교에서 우주적 진리를 장엄하게 드러내는 교리예요.

화엄사는 백제 성왕 22년(544)에 인도에서 온 스님 연기존자에 의해 창건되어 약 1,500년의 역사를 자랑하며, 기단과 석탑, 석등 등 돌로 만든 유물은 백제 때부터 신라 말에 걸쳐 만들어진 것으로 추정됩니다. 화엄사는 이후 계속해서 번성했으나 임진왜란(1592~1598) 때 불탔어요. 왜란이 끝나고 시간이 흘러 벽암대사가 대웅전부터 다시 짓기 시작해 여러 번 복구되고 다시 지어지며 오늘의 모습에 이르렀어요. 그래서 화엄사의 건물은 임진왜란 이후의 것들이지만, 석조문화재들은 1천여 년의 세월을 간직하고 있답니다.

현재 화엄사에는 각황전을 비롯한 국보 5점과 보물 9점 등 많은 문화재가 있고, 천연기념물로는 올벚나무와 길상암 앞의 매화나무 등이 있어요.

쌍계사의 역사와 문화유산

경상남도 하동군에 있는 쌍계사는 아름다운 벚꽃길로도 유명한 사찰입니다. 쌍계사는 신라 성덕왕 22년(723)에 의상대사의 제자인 삼법스님이 창건했어요. 원래 이름은 옥천사였는데, 신라 헌강왕 때 사찰 이름을 쌍계사로 개칭했지요.

쌍계사는 차와 인연이 깊어 우리나라 차의 역사를 담고 있는 곳이에요.

쌍계사

신라 흥덕왕 3년(828), 당나라 사신으로 갔던 김대렴이 처음으로 차나무 씨를 가져와 왕명으로 심은 곳이 지리산 남쪽 줄기 쌍계사 일원이거든요. 지금까지도 야생의 차밭이 남아 있어요.

쌍계사에는 역사적 볼거리도 많아요. 고운 최치원 선생의 친필 쌍계석문, 진감선사탑비(국보 제47호) 등 수많은 문화유산과 부속 암자가 있답니다.

문학작품과 함께 거니는 지리산

지리산은 문학작품에서 시대마다 다른 의미의 공간으로 그려졌습니다.
- 고전문학 속 지리산 : 유랑과 휴식의 공간이자 이상향
- 근대문학 속 지리산 : 저항의 공간이자 비극적인 역사적 공간
- 현대문학 속 지리산 : 자연 그대로의 공간이자 삶의 현장

고전문학 속 지리산 : 남명 조식의 시조

조선 중기 학자 남명 조식(1501~1572) 선생은 대학자 이황과 같은 시대에 살면서 유학자로 그와 쌍벽을 이루었어요. 과거시험에 합격하였으나 관직에 나가지 않고 학문에만 전념했지요. 저서로는 『남명학기유편(南冥學記類編)』, 『남명집(南冥集)』 등이 있으며 특히 의(義)와 경(敬)을 존중하고 아는 것을 실천하는 선비 정신을 강조했습니다.

아래는 조식 선생이 지리산의 아름다운 자연을 주제로 지은 시조예요.

두류산(頭流山) 양단수(兩端水)를 녜 듯고 이제 보니
(지리산 양단수를 옛날에 듣고 이제 와 보니)
도화(桃花) 뜬 말근 물에 산영(山影)조차 잠겻세라.
(복숭아꽃 떠내려가는 맑은 물에 산 그림자까지 잠겨 있구나.)
아희야 무릉(武陵)이 어듸오 나난 옌가 하노라.
(아이야 무릉도원이 어디냐? 나는 여기인가 하노라)

- 주제 : 지리산의 아름다운 자연에 대한 감탄
- 갈래 : 서정시, 정형시, 평시조
- 성격 : 자연 친화적, 예찬적
- 특징 : 고사에 나오는 무릉도원에 빗대어 아름다운 자연에 대한 감탄을 드러내며, 문답법을 활용하여 주제를 표현함

근대문학 속 지리산 : 소설 『역마』와 '화개장터'

김동리는 소설 『역마』에서 지리산 자락 화개장터의 냇물을 이야기해요. 이 냇물은 길과 함께 세 갈래로 나 있는데, 두 줄기의 냇물이 흘러 한곳에 모였다가 다시 남쪽으로 흘러가는 모습이 이곳저곳의 사람들이 모였다가 뿔뿔이 흩어지는 모습과 닮았다는 거예요. 끊임없이 떠돌아야 하는 인간의 운명을 화개장터를 통해 이야기한 거랍니다. 지금도 옛날 시골 장터의 정취가 물씬 느껴지는 화개장터에서는 지역 특산품과 우리 전통을 다양하게 경험할 수 있어요. 오늘날 화개장터는 훈훈한 인심을 주고받는 만남과 화합의 명소이자 주요 관광지예요.

근·현대문학 속 지리산 : 소설 『토지』와 '박경리 토지길'

박경리 작가의 대하소설 『토지』는 경상남도 하동군 평사리의 대지주인 최 참판 가문의 흥망성쇠를 중심으로 동학 혁명, 일제강점기, 해방에 이르기까지 우리 민족의 한 많은 근현대사를 폭넓게 그려 냈습니다. 『토지』는 1969년 「현대문학」에 연재되기 시작했는데 1994년까지 자그마치 26년에 걸쳐 완성됐어요.

하동에는 『토지』 속 최 참판 댁을 재현한 99칸 한옥도 있어요. 이곳은 소설 속 주요 장소이며 조선 후기 생활상을 엿볼 수 있는 공간이라 많은 사람이 찾는 명소예요.

최 참판 댁은 박경리 토지길의 필수 코스이기도 합니다.

박경리 토지길은 소설 『토지』의 배경들을 구석구석 돌아보는 1코스와 화개장터에서 쌍계사로 오르는 2코스, 섬진강과 19번 국도를 따라 남도대로까지 이어지는 3코스로 조성되었어요. 코스별 소요 시간은 4~5시간으로, 1코스의 일부 구간을 제외하면 대부분 평탄한 길이 이어집니다. 소설의 무대이면서 드라마 촬영을 위해 2002년 완성된 최 참판 댁은 안채와 행랑채, 사랑채 등 한옥 10여 채가 조선 중·후기 때의 모습으로 지어졌지요. 유족들의 기증으로 꾸려진 박경리 기념관도 근처에 있는 볼거리랍니다.

경주국립공원

교과 과정과 연계되어 있어요!
* 2022 개정 교육과정 기준

1. 경주국립공원을 소개합니다
   초등 사회 3~4학년군
   ⑥ 우리 지역의 문화유산
   초등 사회 5~6학년군
   ④ 유적과 유물로 살펴본 옛사람들의 생활

2. 경주국립공원의 깃대종
   초등 과학 3~4학년군
   ② 동물의 생활, ③ 식물의 생활

3. 경주국립공원에서 만나는 우리 역사와 문화유산
   초등 사회 3~4학년군
   ⑥ 우리 지역의 문화유산
   초등 수학 5학년 1학기
   ⑥ 다각형의 둘레와 넓이

1 경주국립공원을 소개합니다

경주국립공원은 어떤 곳일까?

경주국립공원은 1968년 12월 31일, 지리산에 이어 우리나라 두 번째 국립공원으로 지정됐습니다. 우리나라의 유일한 사적형 국립공원이기도 해요. 국립공원으로 지정된 8개 역사지구에는 신라 시대 유적과 불교 관련 유적, 아름다운 자연경관이 조화를 이루고 있어요. 특히 경주 토함산과 남산의 등산로를 따라가다 보면 교과서에서 보던 문화유산을 곳곳에서 확인할 수 있어 야외박물관을 거니는 기분이 들지요. 또 경주 일대에는 역사지구를 비롯해 석굴암과 불국사, 양동마을까지 세계적으로도 역사적 가치를 인정받은 유네스코 세계 문화유산도 있어요.

경주의 옛 이름은 '서라벌'이에요. 『삼국유사』에서 경주를 '절이 하늘의 별처럼 펼쳐져 있고 탑이 기러기 떼처럼 줄지어 있다'라고 묘사하지요. 그만큼 경주에는 신라 유물과 불교 유산이 많이 남아 있답니다.

경주국립공원 8지구 안내도

	주요 배움터와 볼거리
구미산지구	최제우 유적, 남사리 삼층석탑, 남사리 북삼층석탑 등
단석산지구	신선사 마애불상군, 마애여래좌상 등
화랑지구	김유신묘, 승무전 등
서악지구	태종무열왕릉비, 서악서원 등
남산지구	오릉, 포석정지, 천룡사지 등
소금강지구	마애삼존불좌상, 탈해왕릉 등
토함산지구	석굴암, 불국사 등
대본지구	감은사지, 감은사지 동·서삼층석탑 등

경주국립공원과 주변 지역

경주는 석굴암·불국사, 경주 역사 유적지구, 한국의 역사 마을(경주의 양동 마을과 안동의 하회마을 통합 지정)까지 총 세 건의 유네스코 세계 문화유산을 보유하고 있는 도시예요. 그와 더불어 무수한 국보, 보물이 분포하여 도시 전체가 역사박물관이라고 할 수 있어요. 그래서 경주를 여행할 때는 다양한 걷기 길을 이용하여 천천히, 깊게 느끼기를 추천해요!

양동마을은 우리나라 전통 민속 마을 중에서도 마을의 규모, 보존 상태, 문화유산의 종류와 전통성 등이 탁월한 곳이에요. 아름다운 자연환경까지 갖춰, 어느 곳보다 훌륭하고 볼거리가 많습니다. 조선 시대 양반 마을의 모습을 잘 엿볼 수 있어요.

경주국립공원 대표 코스

경주국립공원은 불국사 코스, 관음사 코스, 신선사 코스, 암곡 코스, 삼릉 코스, 삼불사 코스, 용장골 코스가 있습니다. 그중 경주 대표 문화유산인 불국사·석굴암을 관람할 수 있는 코스는 불국사 코스예요. 단 석굴암을 관람하기 위해서는 탐방로를 벗어나 왕복 1.2km(30분 소요) 거리를 걸어야 한답니다. 불국사에서 차량으로 약 9km 이동해 석굴암을 방문하는 방법도 있으니 알아 두세요!

경주국립공원의 깃대종

경주국립공원 깃대종 ① 원앙

원앙은 주로 동아시아에서 볼 수 있는 오릿과 새예요. 우리나라에서는 가정의 평화, 배우자에 대한 믿음, 다산을 상징하는 새로 여기기 때문에 나무로 깎은 암수 원앙을 결혼 선물로 주기도 해요.

조류는 대체로 수컷이 더 화려한 편이죠? 원앙도 마찬가지로 수컷이 화려하고 몸의 빛깔이 곱답니다. 흰 눈썹 선, 부채 모양의 주황색 셋째 날개깃, 붉은 부리가 특징이에요. 암컷은 가늘고 흰 눈 선, 검은 부리가 특징이지요. 원앙은 여름에는 내륙의 숲과 주변 계곡이나 연못에서, 겨울에는 강이나 하천이나 저수지에서 무리를 지어 서식해요.

경주국립공원의 동물 친구들

붉은머리오목눈이	소쩍새	담비
'뱁새가 황새 쫓아가다 가랑이가 찢어진다'라는 속담의 뱁새가 바로 붉은머리오목눈이랍니다. 모성애가 지극한 새예요.	소쩍새는 올빼밋과 중에서 가장 작아요. 호된 시집살이를 하다 굶어 죽은 여인의 넋이 소쩍새가 되었다는 전설이 전해져요.	담비는 족제빗과에 속하는 동물로, 귀가 다소 작은 데다 뾰족하고 덩치는 족제비보다 두세 배가량 더 커요.

경주국립공원 깃대종 ② 소나무

'남산 위에 저 소나무 철갑을 두른 듯 바람서리 불변함은 우리 기상일세.' 소나무는 애국가 가사에도 등장할 만큼 우리에게 가장 친근한 나무 중 하나예요. 가사에서도 볼 수 있듯 사계절 내내 푸르른 소나무의 모습에서 변함없는 굳센 기상이 느껴집니다.

소나무는 암꽃과 수꽃이 한 그루에 피는 암수한그루 나무로, 잎이 바늘처럼 뾰족하게 돋아나고 꽃은 주로 노란색이에요.

최근에 기후 변화와 병충해로 많은 소나무가 위험에 처해 있어 각별한 보호가 필요하답니다.

경주국립공원의 식물 친구들

산괴불주머니	닭의장풀	짚신나물
'괴불주머니'는 복주머니를 장식하는 노리개의 순 우리말이에요. 산괴불주머니는 그 꽃이 노리개를 닮았으면서 산에 피어서 붙은 이름이지요.	닭의장풀은 꽃의 모양이 닭 볏을 닮았다고 해서 붙은 이름이라는 이야기도 있어요. 일년생식물로, 번식력이 매우 뛰어나요.	짚신나물의 꽃은 여름에 노란색으로 피어요. 꽃받침에 털이 있는데, 이 털이 짚신에 잘 달라붙는다 하여 짚신나물이라 불리게 됐대요.

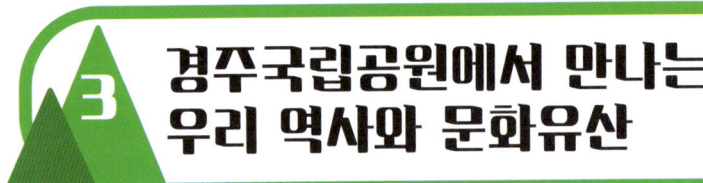
경주국립공원에서 만나는 우리 역사와 문화유산

경주의 문화유산

문화유산이란 다음 세대에게 물려줄 만한 가치가 있는 역사, 전통, 예술 등의 문화재나 문화 양식을 말해요. 문화유산은 석탑, 건축물, 공예품, 책처럼 형태가 있는 유형유산과 전통 공연, 놀이, 기술처럼 형태가 없는 무형유산으로 나뉘어요. 유형유산 중에서도 더 중요하거나 독특하고 희귀한 가치

국립경주박물관

가 인정된 문화유산은 '국보'나 '보물'로 지정되기도 합니다.

경주는 무수한 문화유산을 보유하고 있는 도시입니다. 특히 국립경주박물관에 전시된 많은 국보와 보물들을 통해 실감 나는 역사 공부를 할 수 있지요.

신라역사관에서는 구석기 시대부터 신라 시대의 유물들이 전시되어 있어요. 신라의 황금 유물들도 만날 수 있습니다. 신라를 '황금의 나라'라고도 하는데, 천마총에서 출토된 금관과 금제 허리띠 등의 국보를 포함한 다수의 유물을 보면 당시의 뛰어난 금세공 기술을 알 수 있어요.

신라역사관 3실 전시물은 신라의 영토 확장과 중앙집권화에 관한 유물들이 주를 이뤄요. 삼국통일의 기반을 마련한 진흥왕 순수비 탑본*, 삼국통일에 크게 이바지한 '화랑'에 속한 두 친구가 학문에 힘쓰고 나라에 충성할 결심을 돌에 새긴 '임신서기석' 등이 있어요.

또 신라가 백제와 고구려를 멸망시키고 한반도 최초의 통일 국가를 이룩했을 때부터 국력이 쇠약해져 고려에 멸망하기까지를 보여주는 전시물도 있답니다. 여러 전시실을 순서대로 돌아보면 경주 지역의 역사와 신라 천 년의 역사가 한눈에 보일 거예요.

우리 정체성의 상징! 여권 속 신라 시대 보물 찾기

2021년 이후 발급되는 대한민국 여권은 그 디자인이 새롭게 바뀌었어요.

---

* 탑본 : 비석, 기와, 기물 등에 새겨진 글씨나 무늬를 종이에 그대로 떠냄. 또는 그렇게 떠낸 종이.

여권 내지는 우리 역사의 정체성을 상징하는 유산으로 가득해요.

새롭게 바뀐 대한민국 여권 디자인

　내지 가장 앞에는 선사 시대 대표 유물인 화순 대곡리 청동기(팔주령), 울주 대곡리 반구대 암각화, 빗살무늬토기가 자리하고 있어요. 이어 신라 유물 부부총 금귀걸이, 금관총 금관, 천마총 장니 천마도, 도기 기마인물형 명기, 백제 유물 무령왕 금제 관식, 백제 금동대향로, 부여 외리 문양전 일괄(산수무늬 벽돌), 고구려 유물 강서 중묘와 대묘 벽화(주작·현무) 등 삼국 시대 유물들이 등장하지요.

　또 남북국 시대(통일신라 시대)의 불국사 삼층석탑(석가탑)과 다보탑도 수록되었어요. 고려 시대 유물인 청자 상감운학문 매병과 청자 투각칠보문뚜껑 향로, 조선 시대의 분청사기 음각어문 편병과 백자 달항아리도 나옵니다. 이 밖에 조선 시대를 대표하는 『훈민정음 언해본』, 「천상열차분야지도」, 앙부일구, 거북선, 「맹호도」, 십장생도 병풍(학), 김홍도의 「춤추는 아이」, 「일월오봉도」, 정선의 「인왕제색도」 등이 실려 있어요.

수학과 역학의 원리를 담은 첨성대

국보 제31호 첨성대는 신라 제27대 선덕여왕 때 세운 천문 관측대로 여겨집니다. 높이는 약 9m인데 360여 개의 돌을 쌓았답니다. 일연스님의 『삼국유사』에도 첨성대의 기록이 남아 있지요. 첨성대의 한자어를 풀이하면 '별을 관측하는 천문대'라는 뜻이기도 하므로, 역사학자들은 당시 사람들이 첨성대에서 별을 관측하기 위해 사다리를 놓고 가운데 창을 통해 안으로 들어간 뒤 꼭대기까지 올라갔을 것으로 추측합니다.

27단은 선덕여왕을 상징하고, 첨성대를 이루는 360여 개의 돌은 1년 365일을 뜻한다고 해요.

몸통 가운데 네모난 창이 나 있는데, 이 창을 기준으로 아래로 12단, 위로 12단이 있어요. 12달과 24절기를 의미한다고 해요.

경주국립공원

선덕여왕은 왜 첨성대를 만들었을까요? 아주 오랜 옛날부터 나라를 다스리는 지도자들은 천문 관측을 무척 중요하게 여겼습니다. 농업이 국가 경제의 근본이었던 시대에 농사짓는 백성들에게 언제 씨를 뿌리고 수확을 해야 하는지 그 시기를 정확히 알려 주는 것은 왕의 중요한 임무였거든요. 그러니 하늘의 움직임을 잘 살펴 계절의 변화와 날씨를 예측하는 일이 아주 중요했습니다.

지진에도 끄떡없는 건축 비법!

경주는 우리나라 내에서 상대적으로 지진이 자주 일어나는 지역입니다. 역사 기록에도 자주 언급되었지요. 이런 지질구조를 가진 경주에서 석굴암과 불국사, 그리고 첨성대 등은 그 모습을 보존한 채 오늘날까지 전해지고 있어요. 지진을 버텨 낸 숨겨진 건축 비법은 무엇일까요?

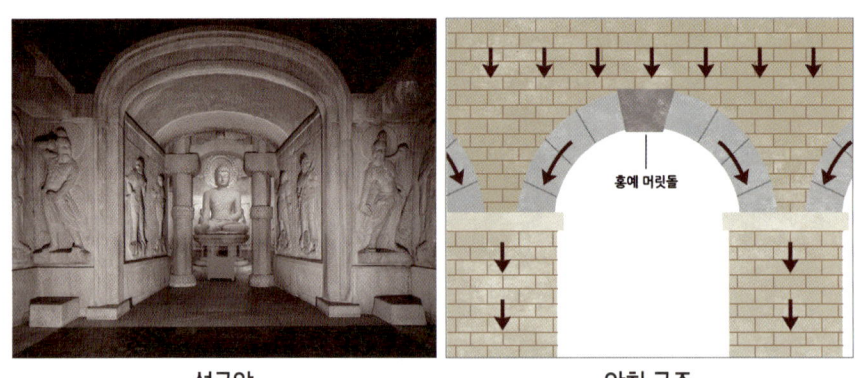

석굴암   아치 구조

먼저 국보 제24호 석굴암을 살펴봅시다. 석굴암에서는 균형과 비례의 아름다움을 느낄 수 있을 뿐만 아니라, 지진을 견디도록 설계한 과학 기술력도 엿볼 수 있어요. 석굴암은 360여 개의 화강암을 하나하나 다듬어 돔(dome) 모양으로 쌓아 만든 세계 유일의 인조 석굴입니다.

보통의 석굴은 커다란 바위 속을 파내어 만들어요. 그런데 우리나라의 바위는 대부분 편마암과 화강암이라 단단해서 석굴을 만들기가 어려웠지요. 그래서 돌을 둥근 지붕 형태로 쌓아 올린 후 그 위를 흙으로 덮어 인조 석굴을 만들었던 것입니다. 대신 무거운 흙이 사방에서 누르는 힘을 견딜 수 있는 구조여야 했기에 아치형 구조를 선택했어요. 아치를 구성하는 쐐기 모양의 돌(홍예석)을 반원으로 쌓으면 위에서 누르는 힘을 골고루 분산시켜 큰 무게도 지탱할 수 있지요. 이러한 건축법은 내진(耐震) 설계를 한 것과 같

불국사

은 효과를 내기 때문에 석굴암은 여러 번의 지진에도 끄떡없이 버틸 수 있었어요.

불국사의 축대 위에 얹어진 긴 장대석을 보면 아래에 있는 자연석의 굴곡에 맞게 다듬어진 그랭이 공법이 보입니다. 그랭이 공법은 고구려에서 개발됐는데, 석굴암이나 불국사 등 신라 시대 건축물에서도 찾아볼 수 있어요. 그랭이 공법으로 지은 건물은 돌과 기둥 사이의 공간 때문에 지진의 충격이 건물에 전달되는 정도가 크게 줄어들어요. 그래서 내진 설계와 같은 효과를 내는 것이랍니다.

신라의 신비로운 주사위 '주령구' 속에 숨은 수학

주령구는 1975년 경주 동궁과 월지(안압지)에서 출토된 정사각형 면 6개와 육각형 면 8개로 이루어진 14면체 주사위예요. 처음 발견된 것은 보존처리 중에 불에 타서 없어졌고 현재는 복제품만 남아 있어요. 신기한 모양의

주령구

이 주사위는 신라 시대 왕과 귀족들이 술자리에서 사용하던 놀이 도구였어요. 각 면에는 숫자나 점 대신 재미난 벌칙들이 적혀 있지요.

6면의 사각형에 적힌 벌칙

1. 三盞一去(삼잔일거) : 한번에 술 석 잔 마시기
2. 衆人打鼻(중인타비) : 여러 사람 코 두드리기
3. 自唱自飮(자창자음) : 스스로 노래 부르고 마시기
4. 飮盡大笑(음진대소) : 술을 다 마시고 크게 웃기
5. 禁聲作舞(금성작무) : 소리 없이 춤추기
6. 有犯空過(유범공과) : 덤벼드는 사람이 있어도 가만히 있기

8면의 육각형에 적힌 벌칙

7. 弄面孔過(농면공과) : 얼굴 간지럽혀도 꼼짝하지 않기
8. 曲臂則盡(곡비즉진) : 팔을 구부리고 술 다 마시기
9. 醜物莫放(추물막방) : 더러운 물건을 버리지 않기
10. 月鏡一曲(월경일곡) : '월경' 한 곡조 부르기
11. 空詠詩過(공영시과) : 시 한 수 읊기
12. 任意請歌(임의청가) : 누구에게나 마음대로 노래시키기
13. 自唱怪來晩(자창괴래만) : 스스로 괴래만(도깨비) 부르기
14. 兩盞則放(양잔즉방) : 술 두 잔이면 쏟아 버리기

우리가 보통 사용하는 주사위는 정육면체처럼 모든 면의 넓이가 동일한 정다면체*의 주사위입니다. 주사위를 던졌을 때 각 면이 나올 확률은 대체로 면의 넓이에 비례하기 때문에, 정다면체 주사위를 던지면 각 면이 나올 확률은 거의 같습니다. 그래서 공정한 놀이가 가능하지요.

---

* 정다면체 : 면이 모두 합동인 정다각형으로 되어 있어 어떤 꼭짓점에도 모이는 면의 수가 같고, 어떤 꼭짓점에서도 입체각의 크기가 같은 다면체. 정사면체, 정육면체, 정팔면체, 정십이면체, 정이십면체의 5종류가 있다.

그렇다면 정사각형과 육각형으로 다른 모양이 섞여 있는 주령구를 던졌을 때 각 면이 나올 확률은 어떨까요? 과연 주령구도 주사위로 사용하기 적합할까요?

실제로 주령구의 정사각형과 육각형의 면적을 계산하면 거의 같은 수치가 나온답니다. 신기한 모양만큼이나 놀라운 결과입니다.

단위 : cm

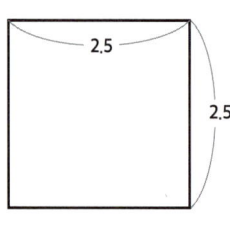

넓이 : 2.5×2.5 = 6.25(cm²)

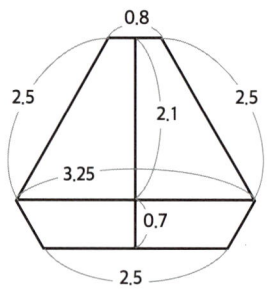

넓이 : (3.25+0.8)×2.1÷2
　　　+(3.25+2.5)×0.7÷2=6.265(cm²)

계룡산국립공원

교과 과정과 연계되어 있어요!
* 2022 개정 교육과정 기준

1. 계룡산국립공원을 소개합니다
초등 사회 5~6학년군
① 우리나라 국토 여행, ⑤ 달라지는 시대, 변화하는 생활 모습

2. 계룡산국립공원의 깃대종
초등 과학 3~4학년군
② 동물의 생활, ③ 식물의 생활

3. 계룡산국립공원의 자연
초등 과학 3~4학년군
④ 생물의 한살이, ⑪ 땅의 변화
초등 과학 5~6학년군
① 지층과 화석, ⑪ 식물의 구조와 기능

4. 계룡산국립공원에서 만나는 우리 역사와 문화유산
초등 사회 3~4학년군
⑥ 우리 지역의 문화유산
초등 사회 5~6학년군
④ 유적과 유물로 살펴본 옛사람들의 생활

계룡산국립공원을 소개합니다

계룡산국립공원은 어떤 곳일까?

계룡산국립공원은 1968년에 국립공원으로 지정되었어요. 계룡산국립공원에는 최고봉인 천황봉(847m)을 중심으로 16개에 달하는 봉우리와 10여 개의 계곡이 형성되어 있어 수려한 경관을 자랑합니다.

충청남도 공주시, 계룡시, 논산시와 대전에 걸쳐 있는 계룡산은 지금까지도 신성한 산으로 여겨지며 무속 신앙의 중심지 역할을 하고 있습니다. 풍수지리학적으로도 명당으로 일컫는 계룡산은 조선 개국 당시 수도로도 거론된 산이에요. 삼국 시대부터 시작된 한민족의 전통 의례인 '산신제'가 열리는 곳이기도 해요. 원래 산신제를 지내던 곳은 북한의 묘향산 상악단, 계룡산 중악단, 지리산 하악단이었어요. 하지만 현재 중악단만 남아 매해 4월에 산신제를 지내고 있습니다. 중악단은 무학대사(1327~1405)의 꿈에 산신이 나타났다는 말을 듣고 조선의 태조 이성계가 1394년에 건립했다고 전해지는 곳이지요. 계룡산 산신제는 일제에 의해 100년이 넘도록 맥이 끊기기도 했지만, 복원되어 1999년 보물 제1293호로 지정되었어요.

계룡산국립공원에는 동학사, 갑사, 신원사 등 유명한 사찰이 있으며 사찰 내부와 주변에는 국보와 보물을 포함한 많은 문화유산이 있어 역사 공부를 하기에도 좋은 장소랍니다.

계룡산 이름의 유래

태조 이성계는 1392년 조선을 건국하면서 고려의 수도 개성에서 다른 곳으로 천도하기로 결심했어요. 풍수지리에 밝은 승려인 무학대사에게 좋은 터를 알아보게 했죠. 무학대사가 처음 고른 곳이 바로 지금의 계룡산 근처였어요. 계룡산이라는 이름도 무학대사가 주요 능선의 모습이 마치 '닭의 볏을 쓴 용의 모습'을 닮았다고 해서 붙여진 이름이에요. 하지만 아쉽게도 이곳은 땅이 좁아서 백성들이 살기 어렵고 토지도 비옥하지 않았어요. 그래서 다음으로 고른 한양(지금의 서울)이 수도가 된 것이지요.

가족 여행을 위한 추천 등산로! 동학사 2코스

동학사 2코스는 국립공원의 모든 탐방로 중 가장 많은 탐방객이 찾는 대표 코스로, 동학사 주차장에서 출발해요. 이 코스는 완만한 경사와 급한 경사가 다양하게 섞여 있어 탐방하고자 하는 장소 및 신체 조건을 고려하여 탐방 계획을 세우는 것이 좋아요. 편도 길이는 11.8km로 탐방하는 데 7시간 정도 소요됩니다. 이 길을 걸으면 계룡산국립공원의 전시관을 겸하는 탐방안내소와 동학사, 계룡팔경 중 은선폭포 운무, 연천봉 낙조, 관음봉 한운, 삼불봉 설화, 남매탑 명월과 동학사 신록 등 여섯 경치를 즐길 수 있어 인기가 많아요.

계룡팔경

제1경	천황봉 일출(日出)	천황봉은 계룡산의 주봉으로 상봉이라고도 불려요. 해발 847m로 정상에는 산제단이 있어요. 정상에 올라서면 계룡산의 전경이 한눈에 들어오며 특히 천황봉의 일출 모습은 아름답기로 유명합니다.
제2경	삼불봉 설화(雪花)	'삼불봉'은 천황봉이나 동학사에서 바라보면 세 부처님의 모습을 닮아 붙여진 이름이에요. 삼불봉에서는 용이 꿈틀거리는 모습과 닮은 계룡산 능선을 볼 수 있어요. 삼불봉은 사계절 내내 멋진 경치를 자랑하는데, 그중 눈꽃(설화)이 피었을 때가 가장 아름답다고 해요.
제3경	연천봉 낙조(落照)	연천봉은 계룡산의 서쪽 풍광이 한눈에 들어오는 봉우리예요. 서쪽으로 펼쳐진 논산과 공주 일대의 들녘이 시원하게 보입니다. 특히 저녁노을의 햇빛(낙조)에 산과 들은 붉게 물들고 멀리 백마강은 은빛으로 반짝여 절경이 펼쳐지는 곳이랍니다.
제4경	관음봉 한운(閑雲)	관음봉은 계룡산 중앙에 있는 봉우리로 정상에 전망대가 있어요. 이곳에서 한가로이 하늘을 떠다니는 구름(한운)을 보면 신선이 된 듯한 기분을 느낄 수 있답니다.
제5경	동학사계곡 신록(新綠)	동학사계곡은 계룡산을 대표하는 능선들 사이의 깊고 긴 계곡으로 주변 숲이 울창해요. 봄여름에 녹색 잎(신록)들이 나서 넓게 펼쳐지지요. 계곡 옆길을 걸으면 푸른 자연을 한껏 즐길 수 있어요.
제6경	갑사계곡 단풍(丹楓)	예부터 전해지는 '봄 동학, 가을 갑사'라는 말처럼 갑사계곡의 가을 단풍은 아름답기로 유명합니다. 자연성릉에서 갑사계곡을 내려다보면 멋진 단풍 경관을 감상할 수 있어요.

제7경	은선폭포 운무(雲霧)	은선폭포는 동학사계곡 상류에 있는 폭포예요. 옛날 신선들이 폭포의 아름다움에 반해 숨어 지냈다 하여 은선폭포라 하지요. 주변 절벽과 녹음이 어우러져 절경을 자아내는 이곳은 특히 안개가 자욱할 때 구름과 안개(운무)가 어우러진 풍광이 아름답기로 유명해요.
제8경	남매탑 명월(明月)	'오누이탑'이라고도 불리는 남매탑은 계명정사 부근, 옛날 청량사 터에 있어요. 남매탑은 전설이 함께 전해지며 나뭇잎 사이로 스며드는 밝은 달(명월)의 빛이 특히 아름다워요.

2 계룡산국립공원의 깃대종

계룡산국립공원 깃대종 ① 호반새

나는 계룡산의 깃대종 호반새야. 나는 1년 내내 볼 수 있는 새가 아니야. 보통 봄에 한반도로 날아와서 6~7월에 알을 낳고 가을에 다시 따뜻한 나라로 가는 여름 철새지. 내 몸 길이는 27cm 정도이고 전체적으로 적갈색을 띠고 있어서 화려한 편이란다. 또 부리도 길고 붉은색이라 특이해 보일 거야. 내가 주변에 있다는 것은 독특한 울음소리로 확인할 수 있어.
내가 우는 소리가 귀신 소리 같아서 귀신 새라고도 불리기도 해. 좀 무섭지?

독특한 울음소리를 가진 호반새에는 이런 전설이 전해져요.

옛날에 어머니 말을 잘 안 듣는 아들이 있었어요. 그런데 어느 날 어머니가 큰 병에 걸렸습니다. 몸져누운 어머니가 목이 말라 아들에게 물을 가져다 달라고 했지만, 불효막심한 아들은 어머니에게 물 대신 화로에서 타고 있는 붉은 숯덩이를 보여 주었어요. 결국 병을 이기지 못한 어머니는 죽고 말았습니다. 이에 신이 노하여 아들을 빨간 새(호반새)로 변하게 저주를 내렸어요. 빨간 새가 된 아들은 물에 비친 자기의 빨간 모습이 활활 타는 불처럼 보여 물을 마실 수 없었고, 비가 내릴 때 빗물만 마시며 살아갔답니다. 그래서 호반새를 '비를 그리워하는 새'라는 뜻으로 수연조(水戀鳥)라고도 불러요.

텃새와 철새, 호반새는 어디에서 왔을까?

텃새는 우리나라에 1년 내내 사는 까치나 참새 같은 새들을 일컬어요. 반면 철새는 계절에 따라 서식지를 이동하는 새를 말해요.

여름 철새는 이른 봄에 적도 주변 지역에서 우리나라로 날아와 알을 낳고 여름을 보내요. 원래 살던 적도의 여름이 너무 더워 우리나라로 온 것이지요. 여름 철새는 겨울이 다가오면 다시 저위도 지역으로 날아갑니다. 대표적인 여름 철새로는 제비와 뻐꾸기, 꾀꼬리, 백로, 뜸부기 등이 있어요.

겨울 철새는 겨울이 다가오면 시베리아 등지에서 날아와 우리나라에서 겨울을 보내는 새를 말해요. 원래 살던 곳보다 따뜻한 우리나라에서 혹독한 추위를 잠시 피하는 것이지요. 대표적인 겨울 철새로 고니, 기러기, 독수리, 논병아리, 두루미 등이 있어요.

호반새는 여름에 우리나라나 만주, 일본 등으로 와서 알을 낳는 여름 철새예요. 겨울에는 중국 남부, 대만, 필리핀 등 따뜻한 곳으로 가지요.

계룡산국립공원 깃대종 ② 깽깽이풀

안녕? 나는 제주도를 제외한 전국의 산지에 드물게 자라는 여러해살이풀 깽깽이풀이야. 내 열매에는 개미가 좋아하는 달콤한 지방 덩어리인 엘라이오솜(Elaiosome)이 있지. 그래서 나는 개미가 씨앗을 옮겨 번식해. 개미가 내 열매를 먹으며 씨앗을 옮겨 준단다. 그런 내 모습이 깽깽이(깨금발)로 뛰어간 것처럼 띄엄띄엄 자란다고 해서 깽깽이풀이라는 재미있는 이름이 붙게 된 거야.

다양한 동식물을 만날 수 있는 계룡산국립공원 자연관찰로

수통골 자연관찰로

수통골지구는 2003년 8월 계룡산국립공원으로 편입되어 전문적인 자연자원조사와 보호를 받으며 더욱 아름다운 모습으로 바뀌고 있어요. 수통골 체험학습관에서는 자연의 소중함을 체험할 수 있는 환경교육 프로그램도 운영하지요. 또 장애인도 편리하게 탐방할 수 있는 무장애 탐방로를 조성해 두었답니다. 수통골 자연관찰로에는 은방울꽃, 금낭화 등 흔히 볼 수 없는 다양한 야생화 단지가 조성되어 있어 아름다운 자생식물들을 관찰할 수 있어요.

갑사 자연관찰로

계절마다 다른 야생화의 모습을 관찰할 수 있도록 조성한 야생화 단지를 볼 수 있어요. 또 계룡산국립공원의 자연생태계에 대한 해설관과 체험 시설물이 있어 학생들에게는 생태학습장이, 탐방객들에게는 휴식 공간이 되어 준답니다.

동학사 자연관찰로

동학사 자연관찰로는 2022년 국립공원 추천 야생화 꽃길 21선에 선정됐어요. 아름다운 야생화의 모습을 만끽할 수 있지요. 계룡산을 중심으로 산과 물이 태극 모양처럼 배치되어 자연과의 조화가 더 돋보입니다.

3 계룡산국립공원의 자연

다양한 화강암 지형을 관찰할 수 있는 계룡산국립공원

계룡산국립공원 주변은 중생대 쥐라기 말에 대보 조산운동*으로 인해 형성된 화강암이 넓게 분포해요. 그래서 화강암을 기반암으로 한 다양한 지형을 관찰할 수 있지요.

화성암에 대해 알아볼까?

마그마나 용암이 식으면서 굳어져 만들어진 암석을 '화성암'이라고 합니다. 대표적인 화성암으로는 현무암과 화강암이 있어요. 현무암은 마그마가 지표 밖으로 나와 빠르게 식어서 형성되고, 화강암은 마그마가 땅속 깊은 곳에서 서서히 식어서 만들어져요.

---

* 대보 조산운동 : 중생대 쥐라기 때 한반도에서 일어났던 가장 큰 지각 변동. 화산 활동과 습곡 작용을 동반한 대규모 조산 운동이었다.

화강암을 높은 산에서 발견할 수 있는 까닭

화강암은 땅속 깊은 곳에서 만들어진다고 했지요? 그런데 계룡산처럼 높은 산에서도 화강암을 볼 수 있어요. 어째서일까요?

땅속 깊은 곳에서 만들어진 화강암을 덮고 있던 암석층이 오랜 세월 동안 풍화와 침식 작용으로 조금씩 깎이면서 가벼워지고, 그 결과 땅속 깊은 곳에 있던 화강암이 서서히 상승하면서 지표에 노출된 거예요. 이와 같은 원리로 설악산, 속리산, 월출산 등에서도 화강암으로 된 바위를 많이 볼 수 있어요.

구분	현무암	화강암
형성 장소	마그마가 지표 가까이에서 식어서 만들어짐	마그마가 땅속 깊은 곳에서 식어서 만들어짐
색깔	어두운색	밝은색
알갱이 크기	맨눈으로 구별하기 어려울 정도로 작음	맨눈으로 구별할 정도로 큼
특징	표면에 크고 작은 구멍이 많이 뚫려 있는 것도 있고, 구멍이 없는 것도 있음	대체로 밝은 바탕에 검은색 알갱이(주로 흑운모)가 보이며, 장석, 석영 등으로 구성됨

알록달록 옷을 갈아입는 나뭇잎, 단풍 속 숨은 과학

가을이 오면 노랗게, 빨갛게 단풍으로 물든 산은 파란 가을 하늘과 함께 한 폭의 그림처럼 아름다운 경치를 선물하지요. 계룡산에는 고로쇠나무, 만주고로쇠나무, 단풍나무, 당단풍나무, 신나무 5종의 단풍나무 형제들이 살며 가을마다 예쁜 경치를 보여 줘요. 이러한 나뭇잎의 변화는 화학 반응의 결과랍니다.

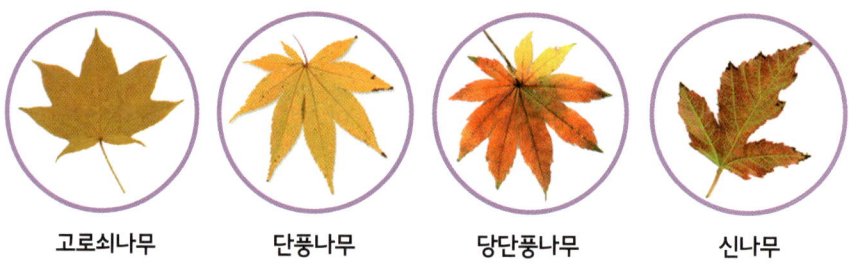

고로쇠나무　　단풍나무　　당단풍나무　　신나무

식물 대부분은 녹색 잎과 줄기를 가지고 있어요. 식물이 녹색을 띠는 것은 식물 세포 안에 초록색 색소인 '엽록소'가 있기 때문입니다. 하지만 식물의 색소에 초록색 엽록소만 있는 것은 아니에요. 봄여름에는 드러나지 않았을 뿐 다른 색깔의 보조색소도 함께 갖고 있지요. 여름이 지나고 가을이 찾아와 기온이 내려가고 일조량이 줄어들면 엽록소는 분해되어 없어지고 숨어 있던 색소들이 드러나기 시작해요. 이런 현상을 '단풍'이라고 해요. 그래서 가을이 되면 나뭇잎 속 색소에 따라 노란색, 빨간색, 주황색, 갈색 등으로 화려하게 물든 단풍을 볼 수 있답니다.

구분	🍁	🍁	🍁	🍁
단풍색	노란색	주황색	빨간색	갈색
색소	크산토필	카로틴	안토시아닌	탄닌
사례	은행나무, 백양나무	사탕단풍	당단풍, 떡갈나무	플라타너스

4 계룡산국립공원에서 만나는 우리 역사와 문화유산

계룡산 고찰에서 만나는 우리나라 전통 탑

탑은 고대 인도 표준어인 범어(梵語)로 '무덤'을 가리키는 '스투파(stupa)'에서 유래했어요. 최초의 스투파는 기원전 5세기 초 인도에서 불교의 창시자인 석가모니(부처)가 사망한 뒤 화장을 하고 나온 사리(진신사리)를 안치하고자 만든 것이랍니다. 탑은 부처님의 무덤인 셈이에요. 그래서 대부분의 불교 사원에는 탑이 있답니다. 계룡산 3대 고찰인 동학사, 갑사, 신원사에서도 탑을 볼 수 있는데, 그중 많이 알려진 남매탑에는 신비한 이야기도 전해지지요.

남매탑의 설화

남매탑은 동학사에서 갑사로 넘어가는 곳에 있는 상원암에 위치해요. 이곳은 원래 청량사(清凉寺)라는 이름의 절이 있던 곳이에요. 그래서 남매탑의 공식적인 이름은 청량사지 오층석탑(보물 제1284호), 청량사지 칠층석탑(보물 제1285호)이랍니다. 이 두 석탑은 고려 시대 석조 불탑이지만 백제 석탑의 양

계룡팔경 중 하나인 남매탑

식을 따르고 있다는 점이 특색이에요.
또 남매탑은 다음과 같은 이야기도 함께 전해져 유명하지요.

통일신라 시대에 한 스님이 수양하던 중 호랑이가 나타나 입을 벌렸어요. 이를 의아하게 여긴 스님이 호랑이 입속을 들여다보니 큰 가시 하나가 목구멍에 걸려 있었어요. 스님이 가시를 뽑아 주자 며칠 뒤 호랑이가 아리따운 처녀를 업고 왔어요. 그런데 이 처녀는 혼인날에 호랑이에게 물려 온 것이었어요. 이 사실을 안 스님은 처녀를 집으로 돌려보냈어요. 하지만 처녀의 부모는 스님과 처녀가 부부의 예를 갖추기를 간청했어요. 이에 스님이 그 처녀와 남매의 의를 맺고 함께 수행하다가 같은 날 동시에 열반*에 드니 사람들은 이 두 사람을 기리고자 석탑 두 기를 쌓고 '남매탑'이라 불렀다고 합니다.

계룡산 고왕암에서 돌아보는 백제의 역사

충청남도 공주는 백제의 두 번째 수도였고 부여는 세 번째 수도였지요. 백제 역사의 주무대였던 공주와 부여는 백제 사람들의 생활과 예술 감각을 엿볼 수 있는 보물로 가득합니다.

고구려 장수왕이 백제의 수도였던 한성을 정복하자 백제는 475년 지금의 공주 지역인 웅진으로 수도를 옮겼어요. 남쪽으로 쫓겨 내려간 백제는 큰 혼란에 빠졌어요. 이때 백제의 상황을 안정시킨 왕이 바로 무령왕이에요. 이후 무령왕의 뒤를 이어 왕이 된 성왕은 538년 수도를 다시 지금의 부여 지역인 사비로 옮겼어요. 이때부터 백제는 신라와 당나라의 연합군에 의해 멸망한 660년까지 부여에서 찬란한 문화를 꽃피웠습니다.

고왕암(古王庵)은 신원사의 부속 암자예요. 백제의 마지막 왕인 의자왕이 660년에 이 암자를 창건했다고 하는데, 그해 김유신이 이끄는 신라군과

---

* 열반 : 모든 번뇌의 얽매임에서 벗어나고, 진리를 깨달아 불생불멸의 법을 체득한 경지.

당나라군이 백제를 침공해 나라가 패망해요. 그리고 의자왕은 당나라로 끌려가게 되었지요. 이런 이유로 이 암자는 의자왕을 추억한다는 뜻에서 고왕암이라고 이름 지었다고 전해져요.

신원사 고왕암

유네스코 세계 문화유산 백제 역사 유적지구

공주 공산성	공주 무령왕릉과 왕릉원(송산리 고분군)

공산성은 당시 백제의 토목건축 기술을 엿볼 수 있는 매우 가치 있는 유적으로, 고대 중국 및 일본과의 문화 교류를 통한 백제 토목건축 기술의 발전과 전파를 살펴볼 수 있는 중요한 장소입니다.	무령왕릉은 무덤의 주인과 만든 연대를 정확하게 적어 놓았기 때문에 백제 왕릉 중 유일하게 주인이 밝혀진 무덤이에요. 또 도굴당하지 않은 채 발견돼 많은 유물이 출토되었습니다. 그중 12점은 국보로 지정됐어요. 무령왕릉은 벽돌을 차곡차곡 쌓아 만든 무덤인데, 천장이 둥근 아치형이라 백제의 뛰어난 건축 기술을 엿볼 수 있지요.

부여 관북리 유적과 부소산성	부여 정림사지

부여의 관북리 유적은 백제의 도읍지인 사비성의 왕궁터가 있었던 곳이에요. 한편 부소산성은 부소산을 둘러싸고 있는 사비 시대의 도성입니다. 백마강을 끼고 있는 이곳은 백제가 멸망하기 직전 백제의 여인들이 스스로 목숨을 끊었다는 슬픈 이야기가 전해지는 낙화암도 함께 볼 수 있는 곳이에요.	부여의 정림사지는 백제 사찰을 대표하는 가장 중요한 유적 중 하나예요. 절터 가운데에는 정림사지 오층석탑이 자리 잡고 있어요. 국내 석탑 중 가장 오래된 것으로, 처마의 끝이 하늘로 솟구친 자태가 백제의 위상을 보여 주는 듯합니다.

부여 나성	부여 왕릉원(능산리 고분군)

나성은 백제의 수도를 보호하는 성벽이에요. 빈번했던 거란과 몽골의 침입을 막기 위해 만들어졌으며 그 길이가 6,300m에 이릅니다. 도시 방어뿐 아니라 도성의 안과 밖을 구분하는 상징적인 의미도 있어요. 백제 금동대향로가 출토된 능산리 고분군 옆으로 나성이 복원되어 있어서 이곳을 따라 걸으면 능산리 고분군도 만날 수 있어요.	이 무덤들은 백제 사비 시대 왕과 왕족들의 무덤으로 추정되며 그 옆에는 백제의 위덕왕이 부왕인 성왕의 명복을 기원하기 위해 세운 백제 왕실의 사찰터가 있어요. 이곳에서 출토된 백제 금동대향로는 당시 백제인의 수준 높은 금속공예 기술과 역량을 보여 주지요.
익산 왕궁리 유적	익산 미륵사지

왕궁리 유적은 백제 무왕 때 조성된 왕궁이에요. 이곳에는 홀로 굳건히 자리를 지키고 있는 오층석탑이 있어요. 왕궁리 유적은 백제 시대 왕궁터의 정확한 위치나 규모를 파악할 수 있다는 점에서 그 가치가 높아요.	미륵사지는 무왕 때 창건된 백제의 최대 사찰입니다. 신라의 침략을 막기 위해 지어진 호국사찰로 백제가 멸망할 때까지 왕실 사찰로서 매우 중요한 역할을 했던 곳이지요.

한려해상국립공원

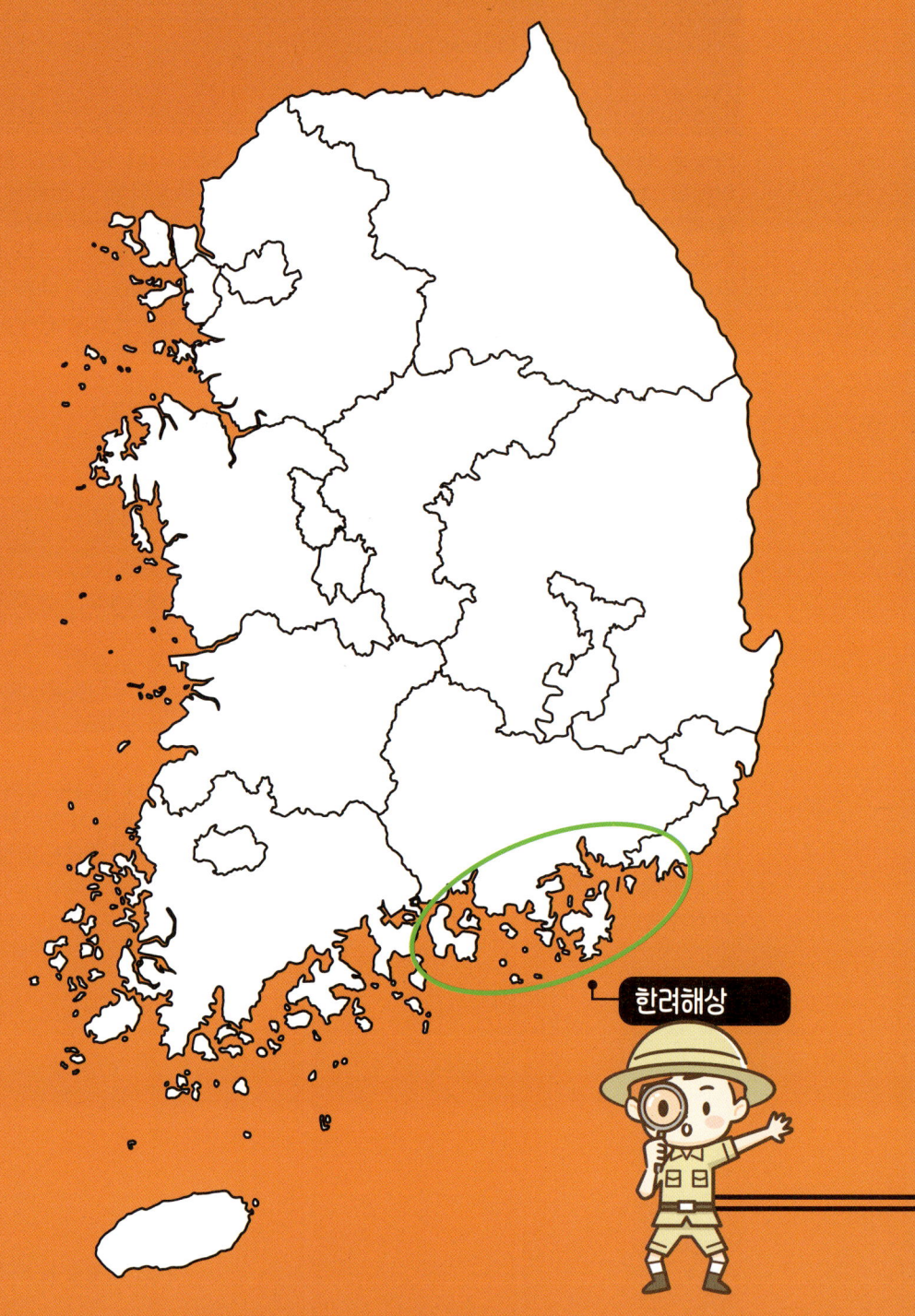

한려해상

교과 과정과 연계되어 있어요!
*2022 개정 교육과정 기준

1. 한려해상국립공원을 소개합니다
  초등 사회 5~6학년군
  ① 우리나라 국토 여행

2. 한려해상국립공원의 깃대종
  초등 사회 3~4학년군
  ⑨ 지역 문제를 해결하고 지역을 알리는 노력
  초등 과학 3~4학년군
  ② 동물의 생활, ③ 식물의 생활

3. 한려해상국립공원에서 만나는 우리 역사와 문화유산
  초등 사회 3~4학년군
  ④ 옛날과 오늘날의 생활 모습
  초등 사회 5~6학년군
  ⑤ 달라지는 시대, 변화하는 생활 모습

1 한려해상국립공원을 소개합니다

한려해상 국립공원은 어떤 곳일까?

한려해상국립공원은 1968년 지정된 우리나라 네 번째 국립공원이자 최초의 해상형 국립공원입니다. 전체 면적은 약 510km^{2}이며 76%가 해상이에요. 경상남도 거제시 지심도에서 전라남도 여수시 오동도까지 300리의 바닷길 즉 '한려수도'를 따라 크고 작은 섬들과 바다, 육지가 조화를 이루며 천혜의 자연경관을 자랑하고 있어서 많은 탐방객이 오간답니다.

한려해상국립공원과 그 주변은 주로 중생대 때 형성된 퇴적암과 화성암 등으로 구성됐어요. 그래서 이 기반암에 파랑의 침식과 퇴적, 풍화작용의 결과로 형성된 다양한 해안 지형을 볼 수 있어요. 또 중생대 한반도 공룡의 특징을 관찰할 수 있는 좋은 지질학습장이기도 하지요. 한려해상국립공원의 지질 특성이 잘 드러나는 명소로는 남해 소치도, 남해 금산, 사천 아두섬(공룡화석) 등이 있어요.

한려해상은 크게 거제·해금강지구, 통영·한산지구, 사천지구, 남해대교지구, 상주·금산지구, 여수의 오동도지구까지 6개 지구로 구분됩니다.

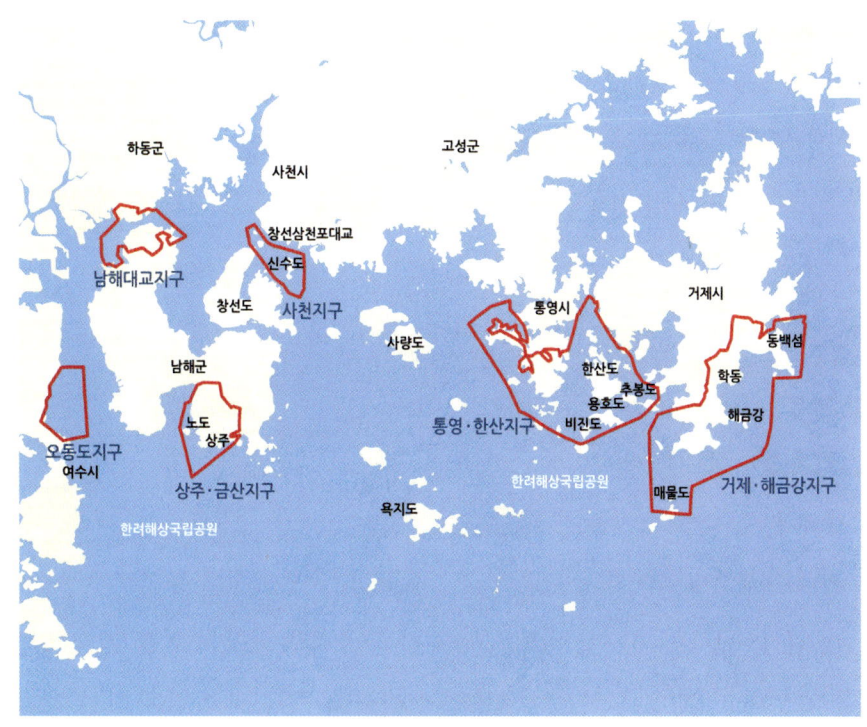

한려해상국립공원 지구

한려해상 이름의 유래

'한려'는 한산도와 여수 두 지명의 첫 글자를 합한 것이에요. 한산도라는 지명은 통영 앞바다에 '한가하게 떠 있는 섬'에서 유래했다는 설이 있어요. 또 '한(閑)' 자를 '막는다'로 풀이하여, 임진왜란 당시 왜적의 침입을 막은 곳이어서 이런 이름이 붙었다고도 해요. 큰 섬이라는 뜻에서 유래했다는 이야기도 있지요.

한산도는 '한산섬 달 밝은 밤에'로 시작해 나라를 걱정하는 이순신 장군의 마음이 담긴 시조에도 등장하는 역사의 장으로서, 임진왜란 당시 삼도 수군통제영이 최초로 자리 잡았던 곳입니다. 한편 통영의 상징으로 추운 겨울철에도 붉은 꽃을 피우는 동백은 통영인의 기상과 저력, 그리고 충무공의 호국 정신을 뜻한다고 해요.

'여수(麗水)'라는 지명은 고려 태조 23년(940) 행정구역 개편 때부터 사용한 것으로, 이름 그대로 '아름다운 바다'를 의미해요.

통영 바다백리길

한려해상국립공원에는 통영 지역 섬 주민들이 산에 나무를 하러 다니던 지겟길 등 가족의 생계를 위해 이용하던 길을 활용하여 조성한 '바다백리길'이 있어요. 이 길을 천천히 걸으면 한려해상국립공원의 길에 담긴 이야기와 자연의 아름다움을 볼 수 있어요. 어떤 길이 있는지 알아볼까요?

1구간 미륵도 달아길

경사가 심하지 않고 풍광이 빼어나 탐방하기 좋아요. 바다와 산길이 어우러진 경관을 자랑해요. 특히 쪽빛 바다와 짙은 편백 숲이 환상적인 전경을 보여 줍니다. 주요 볼거리로는 한려수도 조망 케이블카, 박경리 기념관, 달아전망대, 통영수산과학관, 전혁림 미술관 등이 있어요.

2구간 한산도 역사길

이 길은 우리나라 역사의 한 페이지를 장식한 충무공 이순신 장군의 자취를 따라 걸어 볼 수 있는 길입니다. 주요 볼거리로는 이충무공 유적지, 한산대첩 기념비, 염개갯벌, 추봉도 봉암 몽돌해변, 망산 등이 있어요.

3구간 비진도 산호길

비진도 산호길에서는 감탄이 절로 나오는 풍경이 발아래로 펼쳐져요. 산홋빛 바다가 비진도라는 섬을 에두른 모습은 그야말로 장관입니다. 주요 볼거리로는 팔손이나무 자생지, 비진도 산홋빛 해변, 선유봉전망대, 망부석전망대, 미인도전망대, 노루여전망대가 있어요.

4구간 연대도 지겟길

섬 주민들의 고달픈 애환이 서려 있는 정감 어린 이 길은 계절마다, 구간마다 새로운 그림을 선사합니다. 푸른 바다의 빛과 어우러져 즐거운 탐방을 할 수 있는 길이지요. 주요 볼거리로는 연대도 패총, 몽돌해변, 에코 체험센터 등이 있어요.

5구간 매물도 해품길

해품길은 어머니의 품 같은 매력을 가지고 있어요. 장군봉을 거쳐 대항마을까지 바다를 끼고 이어져요. 장군봉부터 꼬들개까지 이어지는 구간은 소매물도와 등대섬의 장관을 바라보며 걷는 길로 지루할 틈이 없지요. 매물도 곳곳에는 크고 작은 조형물과 이곳 사람들의 살아 있는 이야기가 담긴 표지판도 보입니다. 주요 볼거리로는 마을 조형물, 장군봉, 일본군 포진지 등이 있어요.

6구간 소매물도 등대길

　소매물도는 한려수도의 백미로 꼽힐 만큼 아름다워요. 특히 등대섬은 국립공원 경관지 100선에 선정된 섬으로, 정상에 하얀 등대가 서 있는 풍경이 쪽빛 바다와 어우러져 그림 같은 곳입니다. 푸른 숲 탐방, 비경, 열목개, 남매 바위, 소매물도 등대섬, 관세역사관, 해안절벽, 상괭이, 바다먹거리 등 다양한 볼거리로 가득해요.

 한려해상국립공원의 깃대종

한려해상국립공원 깃대종 ① 팔색조

팔색조와 한반도의 여름 철새들

안녕? 나는 한려해상국립공원의 깃대종 팔색조야. 무지갯빛 화려한 깃털이 가장 큰 특징이지. 다양하고 여러 가지의 매력을 가진 사람을 가리켜 '팔색조 같다'라고 하는데, 바로 내 이름에서 따온 거란다.
몸길이가 약 18cm 정도인 우리는 보통 5월에서 7월 중순에 4개 또는 6개의 알을 낳아. 제주도, 거제도, 진도 등 섬 지역의 숲에서 번식하는 희귀한 여름 철새지.
주로 바닥을 걸어 다니면서 먹이를 먹는데, 특히 지렁이를 좋아해. 하지만 경계심이 강해서 좀처럼 만나기 힘들 거야. 우리는 개체 수가 적어서 멸종위기 야생동물 2급과 천연기념물 제204호로 지정되어 있어.

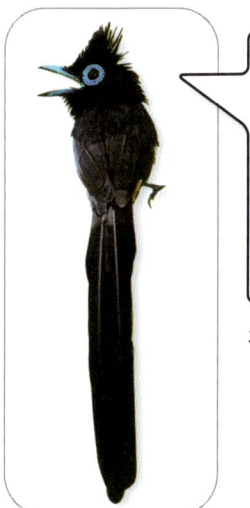

나는 팔색조와 비슷한 시기에 한반도로 날아오는 여름 철새 긴꼬리딱새야. 눈 주변과 부리가 파란색을 띠는 것이 매력적인 특징이지. 또 번식기가 되면 수컷들이 암컷에게 잘 보이기 위해 꼬리가 길어지는 신기한 현상이 나타나. 우리도 팔색조처럼 개체 수가 적어서 멸종위기 야생동물 2급으로 지정되어 있어.

긴꼬리딱새

큰유리새(수컷)

큰유리새(암컷)

우리는 팔색조, 긴꼬리딱새와 같은 한반도의 여름 철새 큰유리새라고 해. 앞의 두 친구에 비해 비교적 흔하게 만날 수 있지. 하지만 땅 위로는 거의 내려오지 않고 곤충을 잡아먹을 때만 잠시 내려왔다가 다시 나무 위로 날아 돌아가서 생활하기 때문에 우리를 관찰하려면 나무를 자세히 살펴봐야 할 거야.
우리는 수컷은 파란색, 암컷은 갈색으로 색깔 차이가 큰 것이 특징이야.

한려해상국립공원 깃대종 ② 거머리말

> 나는 길이가 긴 잔디처럼 생겼어. 잔디보다 잎이 약간 넓어서 부추와도 비슷하지. 난 제주도나 경상남도 등의 얕은 바다에서 산단다.

한려해상국립공원의 또 다른 깃대종은 '거머리말'이라고 하는 바다 식물이에요. 거머리말은 여러해살이 수중식물로 다양한 해양 생물의 중요한 피난처, 서식처, 산란 장소가 돼요. 바닷속 바위나 다른 물체에 붙어 자라는 해조류와는 다른데, 해저의 땅에 뿌리를 내려 영양분을 흡수해 꽃을 피우고 열매도 맺지요. 땅속줄기는 백색이고 길게 뻗으며 마디에서 뿌리가 내린답니다.

거머리말은 침전물과 폐기물의 오염물질을 흡수하는 수질정화 기능도 해요. 특히 이산화탄소 흡수 능력이 좋아 지구온난화를 막는 생태계 주요 자원으로 꼽혀요. 거머리말은 얕은 조간대*에 숲을 이뤄 사는데, 무분별한

---

* 조간대 : 만조의 해안선과 간조의 해안선 사이.

해안개발과 수질 악화 등 환경오염으로 서식지와 개체 수가 많이 줄어들고 있어요. 특히 가속화되는 온난화로 인해 해수 온도가 상승하며 아예 없어질 위기에 처했지요.

거머리말이 사는 갯벌을 지키기 위한 한려해상국립공원의 노력

　남해 상주·금산지구 일원에서 오수처리 시설 등 물 관련 시설물 점검을 진행해요. 탐방객을 대상으로 '물 사랑 및 자기 쓰레기 되가져가기' 캠페인도 벌입니다. 남해대교지구 갯벌에서는 차면마을 주민, 국립공원 자원활동가와 함께 해안 환경정화 활동을 실시하기도 했습니다. 육지와 바다를 연결해 주는 중요 생태계인 해안지역을 보전하기 위함이지요.

　국립공원공단 한려해상국립공원 사무소는 남해군 설천면 차면마을과 '생태농업 협약식'을 가지기도 했어요. 이 협약은 마을 주민과 한려해상국립공원이 협력하여 갯벌 생태를 보전하고자 추진됐어요. 한려해상국립공원과 차면마을 주민들은 멸종위기 야생생물 2급인 갯게, 흰발농게를 비롯한 갯벌 서식 생물들을 보호하고 안전한 먹거리 생산을 위해 친환경 생태농업을 시행하고 있지요. 특히 마을 주민들은 작물을 재배할 때 무농약 재배, 샛강 청소, 갯벌 환경정화 등 마을 주변 자연환경 보전을 위하여 노력하고 있답니다.

한려해상국립공원에서 만나는 우리 역사와 문화유산

남해 금산에서 만나는 조선의 통신 네트워크 봉수대

경상남도 남해군에 있는 금산은 510km²에 달하는 한려해상국립공원 중 유일한 산악형 공원입니다. 기암괴석으로 이루어진 웅장한 산과 시원한 바다 풍경을 한꺼번에 누릴 수 있지요. 정상(망대)은 해발 705m로, 높은 편은 아니지만 주변의 육지와 도서를 잘 조망할 수 있는 곳이에요. 그래서 우리 선조들은 고려 시대부터 그곳에 군사적으로 중대한 상황을 알려 주는 봉수대를 설치했습니다. 금산 봉수대는 둘레 26m의 네모난 형태이며, 높이는 4.5m예요.

봉수(俸燧)는 밤에는 횃불(俸)로, 낮에는 연기(燧)로 급한 소식을 전하던 통신 제도예요. 우리나라에서 이 제도는 기록상 고려 중기(12, 13세기)에 나타나지만 실제로는 삼국 시대 이전부터 실시한 것으로 추정됩니다. 오랫동안 시행되던 봉수제가 체계적으로 정비된 것은 왜구의 침입이 잦았던 고려 말기와 조선 초기 이후였어요.

봉수대는 일정한 거리를 둔 산꼭대기 중에서 시야가 잘 확보되는 곳에

금산 봉수대

설치했어요. 평시에는 불꽃이나 연기를 하나 올리고, 적이 바다에 나타나면 두 개, 적이 해안에 근접하면 세 개, 바다에서 접전이 이루어지면 네 개, 적이 육지에 상륙하게 되면 5개의 불꽃이나 연기를 피워 올렸어요.

 이곳 금산 봉수대는 고려 의종 때 설치되어 조선 시대까지 계속 사용했어요. 이곳에서 점화된 봉수는 사천, 진주 등을 거쳐 서울로 전달됐지요.

한산도 역사길에서 떠올리는 충무공 이순신 장군

충무공 이순신은 임진왜란과 정유재란 때 조선을 승리로 이끈 명장이에요. 이순신 장군은 첫 승리를 거둔 옥포해전 이후로 한산도대첩, 명량대첩, 노량대첩 등에서도 큰 승리를 거두어 23전 23승의 신화를 써 내려 가며 나라를 구합니다. 이순신 장군의 여러 전투 중 특히 3대 대첩으로 꼽히는 전투가 있어요. 바로 한산도대첩(1592), 명량대첩(1597) 노량대첩(1598)입니다.

3대 대첩 진행도

한산도대첩(1592년)

임진왜란 당시 이순신 장군이 승승장구하자 초조해진 일본은 70여 척의 배를 이끌고 견내량으로 쳐들어왔어요. 이순신 장군은 이들을 한산도 앞바다로 유인해 학의 날개 모양으로 적을 포위하는 '학익진(鶴翼陣) 전술'을 펼쳐 66척이나 되는 왜군의 배를 침몰시켰지요. 이 전투가 바로 임진왜란의 3대 대첩 중 하나인 한산도대첩이랍니다.

명량대첩(1597년)

1597년 일본은 정유재란*을 일으켰어요. 이때 이순신 장군은 모함을 당해 감옥에 갇혀 있었죠. 전쟁에서 조선 수군(水軍)이 전멸하다시피 하자 선조는 이순신을 다시 삼도수군통제사로 임명했어요. 하지만 싸울 배가 없었습니다. 칠천량 해전**에서 크게 지는 바람에 고작 12척밖에 없었던 것이죠. 어려운 상황에서도 이순신 장군은 포기하지 않고 왜선을 물살이 센 울돌목으로 유인해 크게 무찔렀어요. 이 전투가 바로 명량대첩이에요.

노량대첩(1598년)

임진왜란 중 바다에서 치러진 마지막 전투예요. 조선이 명나라 수군과 연합해 일본군을 격퇴하죠. 하지만 이순신 장군은 이 해전에서 적이 쏜 총에

---

* 정유재란 : 임진왜란 휴전 협상 실패 후 1597년 일본이 다시 조선으로 쳐들어와 일으킨 전쟁.
** 칠천량 해전 : 정유재란 때 원균이 이끄는 조선 수군이 경상남도 거제시 칠천량에서 왜군에게 대패한 전투.

맞아 전사합니다.

"나의 죽음을 적에게 알리지 말라!"

이 명언(名言)은 이때 나왔답니다.

3대 대첩을 비롯한 전투의 생생한 역사는 이순신 장군의 『난중일기(亂中日記)』를 통해 전해지고 있어요. 이 책은 이순신 장군이 임진왜란이 발발한 1592년 1월부터 마지막 전투인 노량해전에서 전사하기 직전인 1598년 11월까지 거의 매일 기록한 일기입니다. 이순신 장군은 큰 전투가 있을 때일수록 어떠한 방법으로 적을 물리쳤는지 더 상세하게 기록하여 나중에 벌어지는 전투에 참고하도록 하였지요.

조선 제22대 왕 정조는 이순신 장군을 특히 존경해서 신하 윤행임 등에게 충무공이 쓴 진중(陣中) 일기, 충무공이 받은 글, 충무공을 위해 쓴 글들을 모아 『이충무공전서(李忠武公全書)』를 편찬하도록 명하기도 했어요.

우리가 아는 『난중일기』라는 이름도 『이충무공전서』를 편찬할 때 붙여진 이름이에요. 충무공은 전쟁 중 써 내려간 일기에 연대별로 이름을 붙였는데, 이를 모두 합쳐 『난중일기』라 부르는 것입니다. 유네스코는 『난중일기』의 가치를 높이 평가해 2013년에 세계 기록유산으로 등재했어요. 우리나라에서도 국보 제76호로 지정하여 보존하고 있지요.

충무공 이순신 장군 하면 떠오르는 것이 또 있죠? 바로 거북선이에요.

거북선은 고려 말에 만들었는데, 임진왜란이 일어나기 직전 이순신 장군이 다시 만들었다고 해요. 거북 등 모양의 지붕을 씌운 배로, 두꺼운 철판을 덮고 그 위에 쇠 송곳을 꽂았어요. 그래서 적군이 배로 뛰어들지 못했고 군사들은 배 안에서 안전할 수 있었지요. 용머리에서는 연기를 뿜어 적을 교

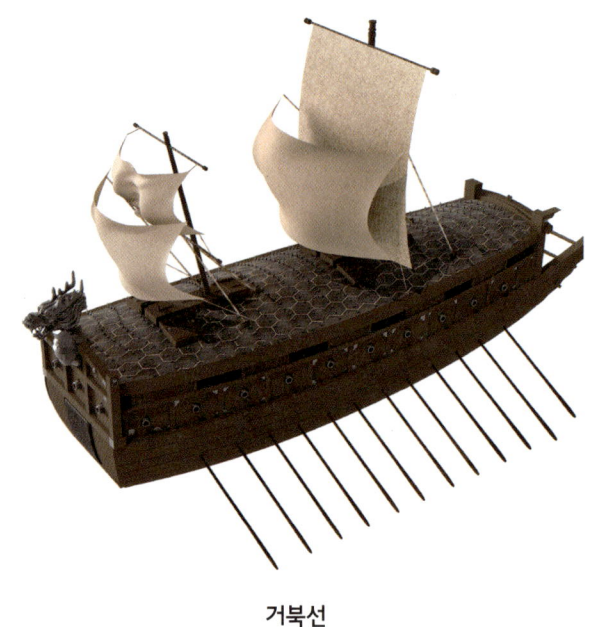

거북선

란했고, 대포를 많이 설치해 사방에서 포를 쏘았어요. 『이충무공전서』에 거북선 그림 두 장이 실려 있기에 오늘날까지도 거북선의 모습을 알 수 있는 거랍니다.

우리 조상들은 어떻게 물고기를 잡았을까?

조선 시대만 하더라도 어선이 발달하지 못해서 뭍에서 아주 가까운 곳에서만 바닷고기를 잡았어요. 조차가 크고 섬이 많은 남해안과 서해안에서는 예부터 자연환경을 활용한 다양한 고기잡이가 발달해 왔어요.

어살

어살은 조수 간만의 차가 큰 곳에 대나무, 나뭇가지, 갈대 등으로 엮은 발을 치거나 돌을 쌓는 방법이에요. 밀물 때 물가로 몰려든 물고기가 썰물 때 빠져나가지 못하도록 가두는 거지요. 자연에 순응하며 살아간 어민들의 삶의 태도가 녹아 있는 어업 방식입니다. 어살이란 말은 그 방법 자체를 가리키기도 하고, 그때 쓰는 고기잡이 도구를 뜻하기도 해요.

아래는 김홍도의 대표적 작품인『김홍도 필 풍속도 화첩(金弘道 筆 風俗圖 畵帖)』중「고기잡이」입니다. 물속에 대나무 등의 나무, 즉 어살을 날개형으로

『김홍도 필 풍속도 화첩』중「고기잡이」, 김홍도, 18세기 후반, 종이에 담채, 27.0 × 22.7㎝, 국립중앙박물관

둘러 꽂고, 그 사이에 그물을 달거나 통발을 설치하여 물고기를 잡는 전통적인 어로 방법을 볼 수 있지요.

한편 어살 안쪽에서 두 어부가 소쿠리에 담은 생선을 건네주고, 바깥쪽에는 항아리를 실은 배 두 척이 있어요. 두 항아리 중 한쪽에 든 것은 소금이에요. 잡은 생선을 그 자리에서 소금에 절여 젓갈을 담그기 위한 거지요. 맨 앞쪽의 움막을 친 배 안에서는 어부들이 통발을 수리하는지 분주해 보이네요.

죽방렴

죽방렴은 빠른 물살을 이용해 고기를 잡는 원시 어업이에요. 좁은 물목에 참나무 말뚝을 박고 대나무 발로 V자 형태의 그물을 쳐 두면 밀물 때 고기가 들어왔다 갇히게 되지요. 요즘은 죽방렴 어업은 거의 사라졌는데, 지족해협*에서만 유일하게 죽방렴으로 멸치를 잡고 있다고 해요. 죽방렴으로

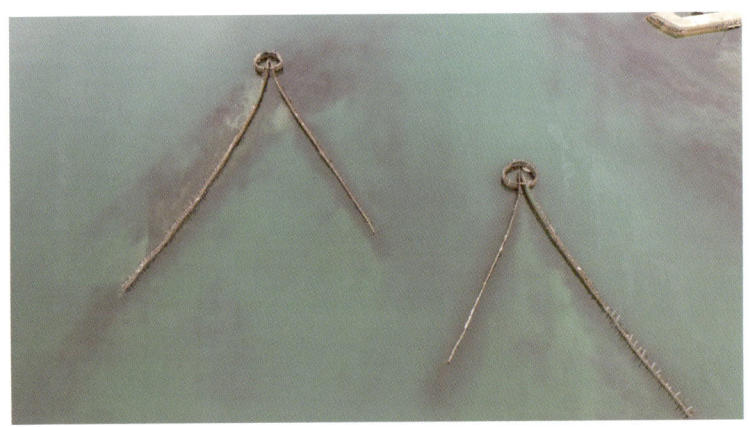

남해사경 중 하나인 지족해협에 설치된 죽방렴

---

* 지족해협 : 경상남도 남해군 창선도와 남해도 사이 폭 500m 정도의 좁은 바닷길.

잡은 멸치는 값은 비싸지만 싱싱하고 쫄깃한 맛이 일품이랍니다.

덤장

갯벌에 일렬로 말목을 박아 울타리처럼 길그물(질그물)을 설치하고 그 끝에 사각형의 통그물을 만들어 고기를 잡는 방법이에요.

개막이

갯벌에 소나무 말목을 반타원형으로 박고 말목을 따라 그물을 둘러 밀물 때 육지 쪽으로 들어온 고기를 썰물 때 가두어 잡는 방법입니다. 주로 민어, 꽃게, 뱀장어, 전어 등을 잡았다고 해요.

돌살

조수 간만의 차이가 큰 서해나 남해에서 해안가의 지형지물을 이용해 일자형, 말굽형, U자형 등으로 돌담을 쌓아 고기를 잡는 방법으로, 독살, 석방렴, 석전이라고도 해요.

설악산국립공원

교과 과정과 연계되어 있어요!
* 2022 개정 교육과정 기준

1. **설악산국립공원을 소개합니다**
   초등 사회 5~6학년군
   ① 우리나라 국토 여행

2. **설악산상국립공원의 깃대종**
   초등 과학 3~4학년군
   ② 동물의 생활, ③ 식물의 생활

3. **설악산국립공원 주변의 자연**
   초등 과학 3~4학년군
   ⑯ 기후 변화와 우리 생활
   초등 과학 5~6학년군
   ⑥ 날씨와 우리 생활

4. **설악산국립공원에서 만나는 우리 역사와 문화유산**
   초등 사회 3~4학년군
   ⑥ 우리 지역의 문화유산

설악산국립공원을 소개합니다

설악산국립공원은 어떤 곳일까?

강원특별자치도 속초시, 양양군, 고성군, 인제군에 걸쳐 있는 설악산은 1965년 천연기념물로 지정되고 1970년에는 우리나라 5번째 국립공원으로 지정되었어요. 설악산 일대는 세계적으로 희귀한 자연자원의 분포 서식지로, 1982년 우리나라 최초로 유네스코 생물권 보전지역으로 선정되기도 했답니다.

설악산은 최고봉 대청봉의 높이가 1,708m로 남한에서는 한라산(1,950m)과 지리산(1,915m) 다음으로 높은 산입니다. 설악산은 대청봉을 중심으로 서쪽은 내설악, 동쪽은 외설악, 남쪽은 남설악으로 나뉘어요.

김정호가 「대동여지도」 이전에 그린 「청구도」를 보면 영동과 영서 지역이 다른 색깔로 구분되어 있어요. 기본적으로 행정구역의 영역을 표시하는 장치겠지만, 조선 시대에 산줄기를 기준으로 동서의 지역 인식이 뚜렷했음을 알 수 있어요. 백두대간의 분수계가 나뉘어 동쪽의 영동과 서쪽의 영서는 서로 다른 지역성을 보이는데, 이러한 인식은 설악산에도 반영돼

속초와 양양 지역의 외설악과 인제 지역의 내설악으로 구분되는 기준이 됐답니다.

「청구도」 강원도 부분, 김정호

영동 지방과 영서 지방

설악산국립공원은 대부분 중생대 백악기에 관입*한 화강암으로 이루어져서 전형적인 돌산의 특징이 나타납니다. 주요 암석 경관은 공룡능선과 울산바위를 중심으로 발달해 있어요. 또 설악산에는 십이선녀탕, 구곡담, 천불동계곡을 중심으로 많은 폭포와 다양한 크기의 소**가 있어, 암석지대와 조화로운 자연경관을 자랑해요. 설악산은 금강산 못지않은 절경을 자랑한다고 하여 '제2의 금강산'이라고도 불리지요.

설악산 전경

---

*　관입하다 : 마그마가 주변 암석을 뚫고 들어가다.
**　소 : 땅바닥이 우묵하게 뭉떵 빠지고 늘 물이 괴어 있는 곳. 호수보다 물이 얕은 편.

설악산 이름의 유래

설악산은 눈과 바위의 산이라는 뜻으로 설산(雪山), 설봉산(雪峰山)으로 불리기도 했지만 다른 산들에 비해 아주 오래전부터 지금 이름으로 불려 왔어요. 『삼국사기』에도 설악산에 대한 나라의 제사 기록이 있는데, 바위로 된 봉우리나 돌의 빛이 희고 깨끗한 눈과 같아 설악이라고 했다고 서술되어 있습니다. 세상에서 가장 높다는 뜻의 옛 우리말인 '술알'을 한자로 음역한 데서 설악이라는 이름이 나왔다고 유추하기도 해요. 고려를 거쳐 조선 후기에 와서 설악산이라는 이름으로 널리 알려졌어요.

겨울 설악산

설악산국립공원의 깃대종

설악산국립공원 깃대종 ① 산양

   산양은 다른 동물이 접근하기 어려운 가파른 바위나 험한 산악지역에 살아요. 한반도와 중국, 러시아 일대에 살고 있으며 특히 우리나라 산양은 200만 년 전 지구상에 출현한 이후 현재까지 외형이 거의 변하지 않아서 '살아 있는 화석 동물'로 불립니다. 산양은 한국전쟁 이후 식용, 한약 재료,

박제용으로 무분별하게 포획되면서 개체 수가 급감해 1999년부터 환경부가 멸종위기 야생생물로 지정하여 보호하고 있어요. 2006년부터는 산양복원사업을 진행해 개체 수를 늘리기 위해 노력하는 중입니다.

설악산국립공원 깃대종 ② 눈잣나무

눈잣나무는 누워서 자란다는 뜻의 '누운 잣나무'를 줄여 붙인 이름이에요. 우리나라에서는 해발 1,500m 이상의 춥고 건조한 지대에서 자라지요. 현재 남한에서는 설악산 대청봉 일원이 유일한 자생지입니다. 즉, 눈잣나무의 한반도 남방 한계선*이 설악산이에요.

---

* 남방 한계선 : 북반구를 기준으로 위도가 높은 지역에서 잘 자라는 식물들이 생존 가능한 위도상의 남쪽 한계선.

눈잣나무의 잎은 5개씩 모여 있는 점이 잣나무와 같으나, 잎 길이가 더 짧아요. 또 잣나무와 달리 눈잣나무는 줄기가 누워 자라고 열매가 작지요. 다 자라도 어른 무릎을 넘지 않아요.

현재 설악산 눈잣나무 집단은 그 크기가 작아요. 거기다 기후 변화 등으로 인해 남한에서는 곧 사라질 것으로 예상되지요. 눈잣나무 서식지를 보호구역으로 지정해 보호하고 있지만 위태로운 현실이랍니다.

설악산국립공원 주변의 자연

국내 최대 황태 산지 진부령 황태덕장

진부령 황태덕장은 강원특별자치도 인제군 북면 용대리에 있어요. '국민 생선' 명태로 황태를 만드는 작업은 11월 말, 말뚝을 세우고 '덕'이라 불리는 나무틀을 짜면서 시작됩니다. 12월 말부터 명태를 널고 겨우내 얼리고 녹이는 과정을 거듭하면 4월쯤 살이 부드럽고 노릇노릇한 황태가 되지요.

황태

원래 황태는 북한 원산의 특산물이에요. 강원특별자치도의 황태 산업은 6·25 전쟁 직후 원산에서 내려온 피난민들이 이곳에 정착하면서 시작됐어요. 용대리 황태덕장도 이때 생겼지요.

황태는 동지 때 동해 연안에서 잡은 '동지태'로 만든 것을 최고로 쳤다고 해요. 하지만 요즘은 진짜 동지태를 맛보는 것은 사실상 불가능한 일이에요. 국민 생선이었던 명태가 우리나라 바다에서 자취를 감추었기 때문이죠. 명태가 사라진 이유는 바로 지구온난화 때문! 우리나라 해역의 수온이 상승하면서 우리나라 물고기 지도가 달라졌어요.

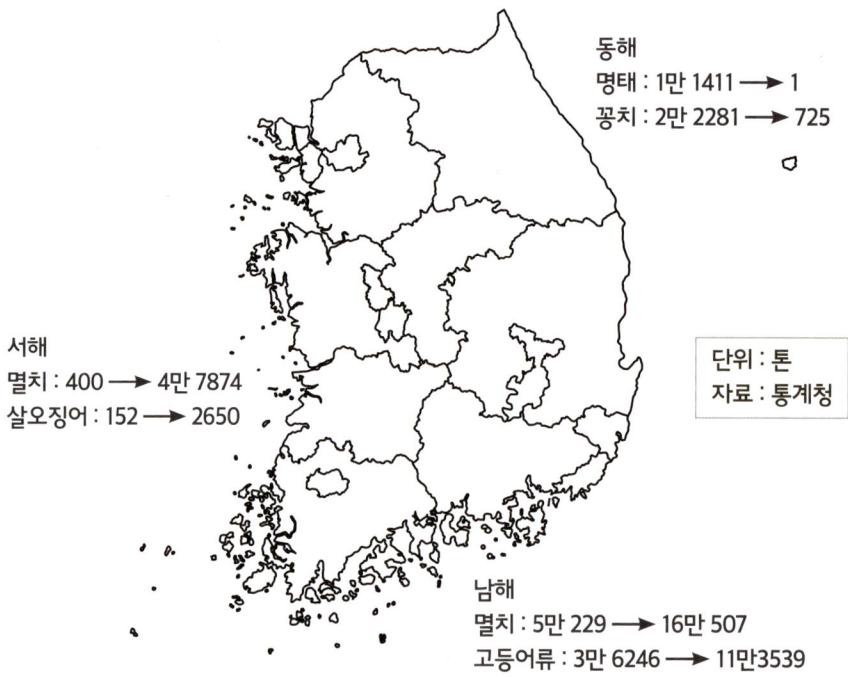

우리나라 해역권별 주요 어종 어획량 변화(1970년 ➡ 2010년대)

남해에서 잡히는 난류성 어종인 멸치, 고등어 등의 어획량은 늘어나는 반면 차가운 물에서 사는 한류성 어종 어획량은 감소하는 중입니다. 대표적인 한류성 어종인 명태도 마찬가지예요. 1990년대 중반부터 어획량이 급감하더니 2008년 이후부터는 아예 자취를 감춰 버렸어요. 명태가 우리 바다보다 더 고위도로 이동한 데다가 명태의 치어인 노가리를 무분별하게 잡은 탓이지요. 그 결과 지금은 명태 소비량의 대부분을 러시아와 일본에서 수입하고 있어요. 명태가 이른바 '금태'가 된 거예요.

설악산과 같은 돌산은 어떻게 만들어졌을까?

백두산, 한라산과 같은 화산을 제외하고 우리나라 산은 크게 흙산과 돌산으로 구분해요. 다음 페이지의 두 산봉우리를 살펴볼까요? 한쪽 산의 정상부는 흙과 나무로 덮여 있지만 다른 하나의 정상부는 바위가 많이 드러나 있어요. 이러한 차이가 나타나는 이유는 무엇일까요? 그것은 바로 두 산을 이루는 엄마 암석(모암=기반암)이 다르기 때문이에요.

흙산은 어떻게 만들어졌을까요? 흙산은 편마암이 부서진 흙으로 이루어져 있어요. 편마암은 퇴적암이나 화성암이 오랫동안 땅속 깊은 곳에서 높은 열과 압력을 받아 성질이 변한 변성암이에요. 그래서 편마암은 무척 단단하고 입자가 가늘지요. 편마암이 오랜 세월 동안 조금씩 부서져서 흙이 되는 거랍니다.

흙산인 지리산

돌산인 설악산

돌산은 아래와 같은 과정으로 만들어져요.

1. 마그마가 땅속에서 식어 굳어서 화강암이 돼요.
2. 화강암은 서서히 지면으로 올라오고 화강암을 덮고 있던 흙이나 돌이 비바람에 깎여요.
3. 화강암이 땅 위로 올라오면서 작은 금이 생겨요.
4. 금이 난 곳에 물이 들어가면서 화강암이 부서지고 갈라져 수많은 봉우리가 생겨요.

바람이 산을 넘을 때마다 달라지는 날씨

바람의 이름은 바람의 출발 지점의 방향을 기준으로 지어요. 그래서 동쪽에서 시작해서 서쪽으로 부는 바람을 동풍이라고 하지요. 우리말 바람 이름도 함께 알아볼까요?

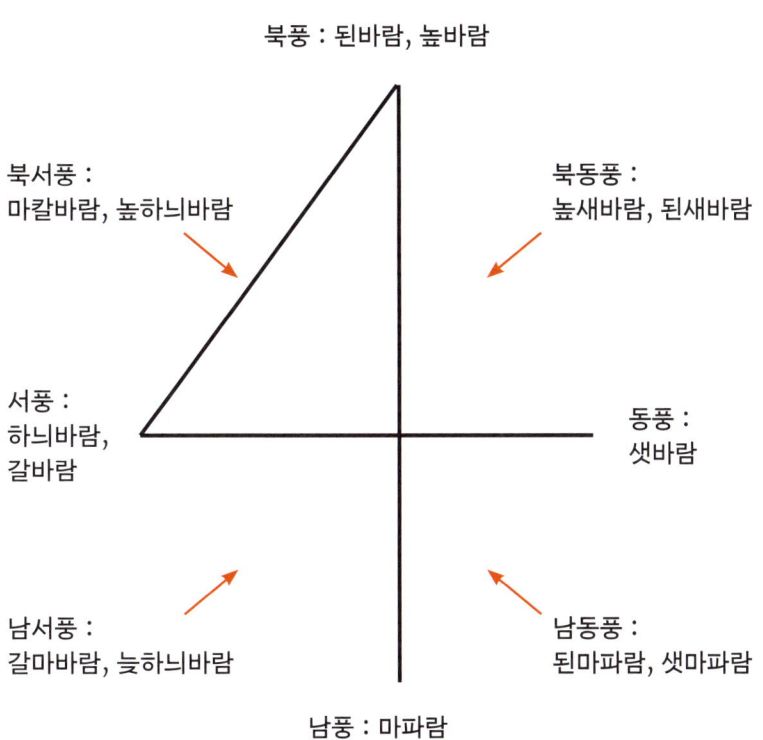

바람은 산을 넘으면서 습기와 온도 등 날씨에 변화를 만들곤 해요. 특히 강원 지역에서는 '푄 현상' 때문에 울고 웃는 일이 벌어진답니다. 푄 현상이란 바람이 바람받이 사면을 타고 올라갔다가 바람의지 사면으로 내려올 때, 따뜻하고 건조한 바람에 의해 바람의지 사면 지역의 기온이 오르는 현상을 말해요.

습윤한 공기가 바람받이 사면을 따라 올라갈 때, 100m 올라갈 때마다 1도씩 온도가 낮아져요. 그러다 포화층(응결고도)에 도달하면 응결해 비나 눈이 내리게 되지요. 이때 숨은열*이 방출되어, 응결고도 이후로는 기온이 100m마다 0.5도 씩 낮아진답니다. 산 정상부까지 상승한 공기는 정상부를 넘어 사면을 따라 내려가요. 이때 100m 내려올 때마다 기온이 1도씩 상승하고, 바람의지 사면으로 고온 건조한 바람이 불게 되지요.

---

* 숨은열(잠열) : 고체가 액체로, 액체가 기체로 변할 때 흡수 또는 방출하는 열. 숨은열 때문에 수증기가 물방울이 되면 열을 방출해 주변 공기를 가열하고 주변 온도가 높아지는 현상이 생김.

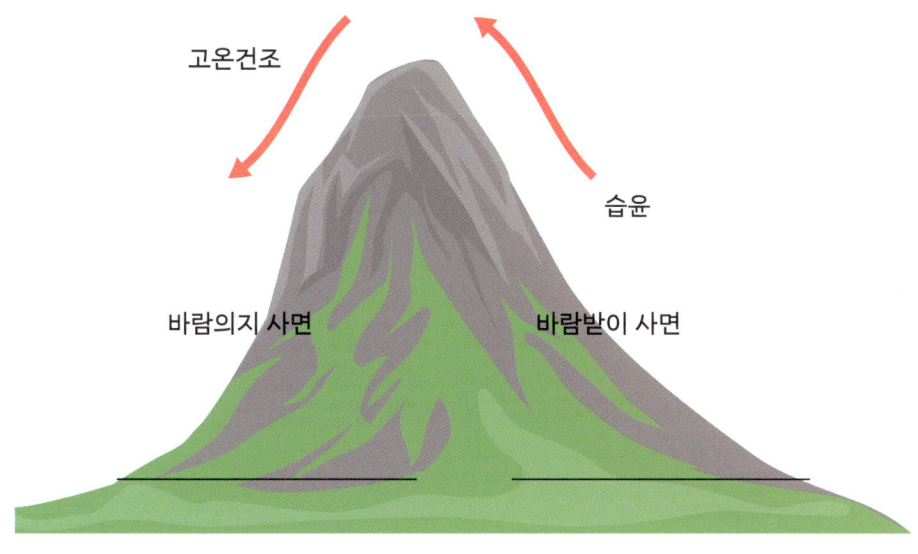

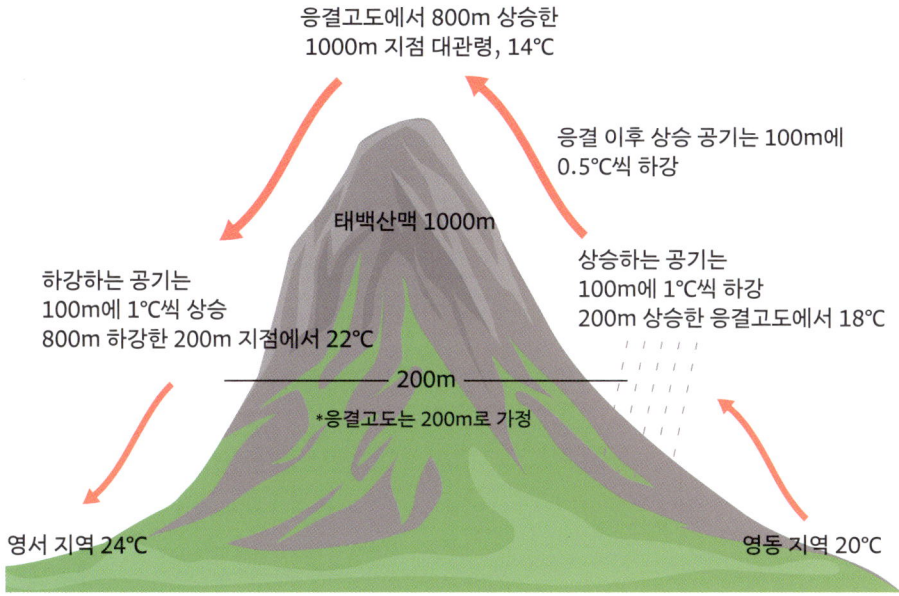

푄 현상

양간지풍이란?

학생: 선생님, 강원 산불은 '양간지풍'으로 인해 진화가 어렵다고 하는데, 양간지풍이 뭐예요?

교사: 양간지풍은 강원 영동 지방인 양양과 간성(고성군) 구간에 부는 강풍이야. 봄철에 영서 지방에서 영동 지방으로 향하는 바람이 태백산맥을 넘어 가파른 경사를 타고 내려오면서 풍속이 강해져 양간지풍을 일으킨단다. 심할 때는 태풍의 풍속을 능가하는 돌풍이 불기도 해. 또 산맥을 넘는 과정에서 고온 건조한 바람으로 바뀌어서 산불이 번지기 좋은 조건이 형성되는 것이지.

학생: 이런 상황에서는 산불의 불씨가 거센 바람을 타고 사방으로 옮겨지겠네요.

교사: 이 지역에서는 양간지풍을 불을 몰고 온다는 의미로 화풍(火風)이라고도 부를 정도로 위험해. 특히 양간지풍으로 인해 불길의 확산 속도가 진화 속도보다 빨라 속수무책인 상황이 만들어져.

학생: 산불은 늘 조심해야겠지만 이 지역에서는 특히 봄철 산불을 조심, 또 조심해야겠어요.

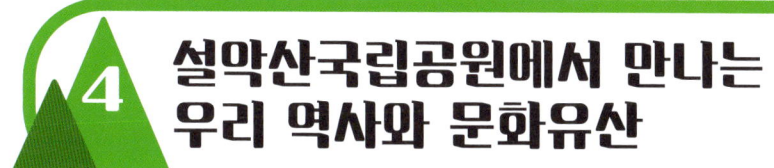
설악산국립공원에서 만나는 우리 역사와 문화유산

5살 아이의 오세암

설악산을 오르면 만경대에 '관음암'이라는 암자가 있어요. 관음암은 내설악의 대표적인 사찰인 백담사에 딸린 암자로, 선덕여왕 때인 643년 무렵부터 관음암이라고 불렸다고 해요. 조선 시대 문인 김시습(1435~1493), 독립운동가이자 시인인 승려 한용운(1879~1944) 등이 머물다 간 암자로도 유명하답니다.

관음암을 '오세암'이라고도 부르는데, 그 이름의 유래를 설명하는 설화가 다음과 같이 전해지고 있어요.

관음보살의 도움으로 살아난 5살 아이

조선 1643년, 설정스님은 설악산에 관음암을 짓고 조카와 함께 살고 있었어요. 형의 아들이 고아가 되어 삼촌인 설정스님이 맡은 것이지요. 조카가 5살이 된 해 10월, 스님은 눈이 쌓이기 전에 겨울을 보낼 양식을 마련하기 위해 양양군의 장터로 떠나게 되었어요. 스님은 산중에 혼자 있을 어린 조카를 위해 당부의 말을 남기고 길을 떠났지요.

"식량을 구하러 마을에 다녀올 테니 잠시만 혼자 있으렴. 무서우면 관음보살님을 부르거라. 너를 지켜 주실 거야."

설정스님이 양양에서 장을 본 뒤 근처 신흥사에서 하룻밤을 묵었어요. 그런데 다음 날이 되자 눈이 거세게 내려서 길이 보이지 않았어요. 설악산을 넘을 수 없게 된 스님은 하는 수 없이 신흥사에서 하룻밤을 더 묵고, 다음 날 산을 넘어 관음암으로 돌아가기로 했지요. 하지만 폭설이 멈추지 않고 이어져서 그해 겨울을 꼬박 신흥사에서 머무를 수밖에 없었어요.

매일매일 속을 태우던 설정스님은 이듬해 봄이 되어서야 관음암으로 돌아갈 수 있었지요.

"내가 너무 늦게 돌아왔다. 어린아이 혼자 양식도 없이 어찌 살아있겠는가. 내 조카는 이미 죽었겠구나."

그런데 스님의 슬픈 생각과 달리, 관음암에 도착했을 무렵 법당 안에서 목탁 소리가 들리는 게 아니겠어요? 스님은 서둘러 법당으로 달려갔습니다. 놀랍게도 법당 안에는 죽은 줄만 알았던 조카가 목탁을 치면서 관세음보살을 부르고 있었지요.

"스님, 잘 다녀오셨어요? 관음보살님하고 같이 밥도 먹고, 부처님 말씀도 잘 듣고 있었어요."

아이가 해맑은 미소로 스님을 맞았어요. 이때부터 스님은 5살의 조카가 도(道)를 얻었다고 해서 관음암을 '오세암'으로 고쳐 불렀다고 전해져요.

울산바위와 신흥사

외설악 입구인 설악동에서 신흥사를 거쳐 서북계곡을 따라 오르면 사방이 절벽으로 된 높이 950m의 거대한 바위산이 나타납니다. 보는 이로 하여금 그 웅대함에 입을 다물지 못하게 하는데 이것이 바로 유명한 '울산바위'예요.

설악산 울산바위

울산바위는 원래 천후산(天吼山)이라는 다른 이름이 있었어요. 천후산이라는 이름은 바람이 세게 불며 바위에 부딪혀 소용돌이치면서 마치 하늘이 울부짖는 듯한 소리가 나는 데서 유래했지요. 천후산은 이산(籬山)이라고도 하는데, 산의 생김새가 울타리(籬)를 쳐 놓은 것 같아서 그렇게 불렀대요. 실제 울산바위를 아래서 보면 바위로 둘러친 큰 울타리같이 보이지요. 그 울타리산, 울산이 후대에 와서 지역명인 울산으로 와전되어 다음과 같은 '울산바위' 설화가 만들어졌다고 해요.

금강산으로 들어가려다 멈춘 울산바위

옛날에 조물주가 금강산을 만들고 경관을 빼어나게 다듬기 위해 전국에서 가장 잘생긴 바위들은 모두 금강산으로 모이게 했어요. 조물주의 말을 듣고 옛날 경상남도 울산에 있었던 바위도 고향을 떠나 금강산으로 향했지요. 그런데 그 바위는 덩치가 너무 크고 무거워 걸음걸이가 무척이나 느렸어요. 울산의 바위가 설악산에 도착했을 무렵, 이미 금강산은 전국에서 모인 잘생긴 바위들로 완성된 후였지요. 울산의 바위는 크게 좌절했어요. 하지만 금강산으로 들어가기 위해 고향 울산을 떠나왔기에, 다시 울산으로 돌아갈 체면도 없었어요. 그래서 설악산에 눌러앉아 설악산의 명물 울산바위가 되었다지요.

울산바위와 관련된 설화가 하나 더 있어요. 설악산에 있는 '신흥사(新興寺)'라는 사찰에서 일어난 일로, 속초의 지명과도 연관되는 이야기예요.

동자승의 지혜로 세금을 내지 않게 된 신흥사

설악산으로 유람 온 울산의 원님이 울산바위 이야기를 듣고 신흥사 스님을 찾아가 말했어요.

"울산바위는 울산 고을의 소유이니 신흥사에서 울산바위를 차지한 대가로 세(稅)를 내야 합니다."

신흥사 스님은 세를 내지 않을 방법이 없었고, 해마다 울산 고을에 세를 냈어요. 그러던 중 어느 해인가 울산 원님이 세를 받으러 올 때가 되었는데 절에 돈이 없어 걱정하고 있었어요. 이를 지켜보던 동자승이 자신에게 해결책이 있으니 걱정하지 마시라고 하는 거예요.

며칠이 지나 울산 원님이 도착하자 동자승이 이렇게 말하는 게 아니겠어요?

"이제부터는 세를 줄 수 없으니, 바위를 울산으로 도로 가져가세요."

이에 울산 원님도 꾀를 내서 받아쳤어요.

"바위를 재로 꼰 새끼로 묶어서 주면 가져가겠다."

울산 원님의 말에 동자승은 근처 청초호와 영랑호 사이에서 자라는 풀로 새끼를 꼬아 울산바위를 둘렀어요. 그러고는 불을 놓았더니 바위를 두른 그 모양대로 타서 재가 됐지요. 재로 만든 새끼줄이 울산바위를 묶은 것처럼 보였답니다.

이렇게 울산 원님의 황당한 꾀를 지혜로 잘 넘긴 동자승 덕분에 울산 원님은 울산바위를 가져가지 못했고, 세를 내라는 말도 더는

하지 못했다고 해요.

이후 청초호와 영랑호 사이를 '묶을 속(束)' 자와 '풀 초(草)' 자를 써서 '속초(束草)'라 부르게 되었다고 합니다. 오늘날의 강원특별자치도 속초시에 전해지는 지명 유래 설화 중 하나예요.

속리산국립공원

교과 과정과 연계되어 있어요!
* 2022 개정 교육과정 기준

1. 속리산국립공원을 소개합니다
   초등 사회 5~6학년군
   ① 우리나라 국토 여행

2. 속리산국립공원의 깃대종
   초등 과학 3~4학년군
   ② 동물의 생활, ③ 식물의 생활

3. 속리산국립공원에서 만나는 우리 역사와 문화유산
   초등 사회 3~4학년군
   ⑥ 우리 지역의 문화유산

속리산국립공원을 소개합니다

속리산국립공원은 어떤 곳일까?

속리산국립공원은 1970년에 우리나라의 6번째 국립공원으로 지정되었어요. 행정구역상으로 충청북도 보은군, 괴산군, 경상북도 상주시에 걸쳐 있지요. 속리산의 주봉은 천왕봉(1,057m)이며, 그 외에도 무수한 봉우리들이 멋지게 솟아 있어요. 이곳 속리산국립공원은 법주사지구, 화양동지구, 화북지구, 쌍곡지구의 네 지구로 구분되는데 특히 문장대, 경업대 등 8대, 천왕봉, 비로봉, 관음봉 등 8봉, 상환석문, 상고석문 등 8석문이 있어 빼어난 경관을 자랑합니다. 또한 속리산국립공원은 사계절의 특징이 뚜렷하기로 유명해요. 봄가을에는 문장대, 천왕봉, 도명산, 칠보산, 군자산을 탐방할 수 있고, 여름에는 화양계곡, 선유계곡, 쌍곡계곡이, 겨울에는 천왕봉 코스의 설원이 장관을 이루지요.

속리산의 울창한 산림은 천년고찰 법주사와 조화롭게 펼쳐지며, 그 안에는 포유류, 조류, 파충류, 곤충류 등이 1,588종, 식물류가 1,055종 이상 서식합니다. 다양한 동식물이 서식하고 있어 생태체험을 하기에도 좋아요. 그래서 가족 단위 관광객이 많이 찾는 산이지요.

그중에서도 가족과 함께 가장 많이 방문하는 곳은 법주사지구 일대예요. 이곳에는 고려 공민왕, 조선 태조 이성계, 태종 이방원, 세조 등과 관련된 이야기로 가득하지요. 특히 세조와 얽힌 일화가 가득한 '세조길'은 가장 유명한 걷기 길입니다.

세조길의 핵심 코스는 천왕봉과 문장대예요. 천왕봉은 한 차례 이름을 잃었다가 다시 찾기도 했어요. 일제강점기 때 우리나라의 여러 산 이름이 바뀌었는데, 그때 천왕봉도 일본의 천황을 뜻하는 '황(皇)' 자를 쓴 '천황봉'이 되었답니다. 해방 이후 천왕봉을 비롯한 여러 산들의 이름을 되돌리는 '우리 산 이

천왕봉

름 바로 찾기' 캠페인이 시행됐지요. 그때 천왕봉도 이름을 되찾은 거예요.

문장대는 원래 바위 봉우리가 구름 속에 감추어져 있다고 '구름 운(雲)' 자와 '감출 장(藏)' 자를 쓴 '운장대'라고 불렸어요. 그러다 조선 7대 왕 세조가 문장대에서 인간의 도리와 윤리를 다룬 『춘추(春秋)』를 읽고 깨달음을 얻었다고 해요. 이후 운장대는 '글월 문(文)'을 넣어 바꾼 문장대로 불리게 되었어요.

속리산 이름의 유래

속리산은 백두대간이 태백과 소백을 지나 월악에 이어 우뚝 솟은 산이에요. 속리산은 해발 1,057m의 천왕봉을 비롯해 9개의 봉우리가 있어 먼 옛날에는 구봉산이라 불렸으나, 신라 시대부터 속리산이라 부르게 되었다고 합니다.

속리산(俗離山)의 한자 뜻을 풀이하면 '속세를 떠난 산'이란 뜻이에요. 말 그대로 '속세를 떠난 사람들이 줄을 이어 찾는 곳'이 속리산이라는 것이지요. 속리산이라는 이름은 신라 말 최치원이 속리산을 찾아와 읊은 시 '산비이속 속이(리)산(山非離俗俗離山, 산은 세속을 여의지 않는데 세속은 산을 떠나려 하는구나)'에서 비롯했다고 해요.

속리산국립공원의 깃대종

속리산국립공원 깃대종 ① 하늘다람쥐

나는 둥근 머리와 작은 귀, 검고 큰 눈을 가졌어. 몸길이는 10~19cm, 꼬리 길이는 7~12cm 정도 돼. 보통 7~8m를 활강하고 최대 30m까지 활강할 수 있지!

하늘다람쥐는 이름 그대로 하늘을 날아다니는 다람쥐예요. 앞발과 뒷발 사이에 피부가 이어져 커다란 날개처럼 된 비막이 있어요. 이 비막은 일종의 망토이며 날개가 되지요. 나무 사이를 오갈 때 이 비막을 행글라이더처럼 이용해 기류를 타고 이동해요. 하늘다람쥐는 백두산 일원에서는 흔히 발견된다고 하는데, 우리나라 중부 지방에서는 매우 희귀한 것으로 알려져 있어요.

우리는 비슷하지만 달라!
다람쥐, 하늘다람쥐, 청설모를 구별해 보자!

다람쥐	하늘다람쥐	청설모
갈색 털을 가졌고 등에 줄무늬가 있어요.	등은 회갈색이고 배는 흰색이에요.	등은 흑갈색이고 배는 흰색이에요.
꼬리의 털은 비교적 짧고, 잠잘 때 꼬리로 온몸을 감싸 체온이 내려가지 않게 해요.	꼬리는 풍성하지만 납작하며, 앉아 있을 때는 꼬리를 등에 붙여요.	꼬리의 털이 풍성하고, 꼬리가 두드러지게 길어요.

다람쥐	하늘다람쥐	청설모
돌 틈이나 땅속에 굴을 파고 살며, 대체로 땅 위에서 생활하고 밤보다는 낮에 활동해요.	딱따구리가 버린 둥지나 나무 구멍에서 살며, 대부분 나무 위에서 생활하고 밤에 활동해요.	나무 위에 집을 짓거나 나무 구멍에서 살며, 주로 나무 위에서 생활하고 낮에 활동해요.
도토리를 가장 좋아해요.	새싹과 열매를 가장 좋아해요.	잣을 가장 좋아해요.
겨울잠을 자요.	겨울잠을 자지 않아요.	겨울잠을 자지 않아요.

속리산국립공원 깃대종 ② 망개나무

나는 망개나무야. 주로 충청북도와 경상북도의 속리산, 월악산, 주왕산 등지에서 사는데 그중에서도 흙이 많지 않은 바위지대에 살지. 어긋나고 긴 타원형 잎 가장자리에 밋밋한 물결 모양이 있어. 줄기가 불에 잘 타기 때문에 과거 농업용 도구를 만들 때 쓰이거나 땔감으로 사용됐어.

3 속리산국립공원에서 만나는 우리 역사와 문화유산

은혜를 갚는 땅, 보은군

충청북도 보은군에 있는 법주사는 속리산의 크고 작은 봉우리들로 둘러싸여 있어 예부터 길지로 여겨졌어요. 그래서 우리나라의 역대 왕들은 나라에 어려움이 있을 때마다 법주사를 찾았다고 해요. 고려 공민왕은 홍건적의 침입을 피해 안동으로 피난 갔다가 환궁하는 길에 법주사에 들러 국운이 흥하기를 기원했어요. 또 조선 태조 이성계는 즉위하기 전에 법주사 근처의 상환암에서 백일기도를 올리기도 했지요.

조선 3대 왕 태종 이방원은 왕자의 난을 거쳐 왕위를 차지하였는데, 즉위 후 오래도록 형제들을 죽인 것에 대한 자책에 시달렸어요. 그래서 심신을 다스리기 위해 몸소 속리산을 찾아가 오래도록 머물렀다고 해요. 속리산에서 마침내 마음의 안정을 찾은 태종은 돌아가는 길에 당시 보령이라는 지명을 보은이라 고치고 현감까지 두도록 했다고 전해집니다.

보은군과 결초보은의 '보은'

보은군의 '보은'과 결초보은의 '보은'은 한자도 똑같아요. 결초보은의 유래와 그 뜻을 알아볼까요?

結 草 報 恩

맺을 결　풀 초　갚을 보　은혜 은

'결초보은'은 먼 옛날 중국 진나라 장수 위무자와 그의 첩 서모 이야기에서 비롯된 고사성어입니다. 위무자가 나이가 들어 병세가 악화하자 아들 위과에게 서모를 죽여 자기와 함께 묻어 달라고 유언했어요. 그러나 위과는 이 말을 따르지 않고 서모를 살려 주었지요.

훗날 위과가 전쟁터에서 위험에 처하자, 서모의 친정아버지 혼령이 나타나 적군 앞에 놓인 풀들을 꽁꽁 매어 덫을 만들었어요. 적군이 탄 말은 여기에 걸려 넘어졌고 그 틈에 위과는 달아날 수 있었답니다. 바로 이 이야기에서 '풀을 엮어 은혜를 갚는다'라는 뜻의 결초보은이 유래된 것이지요.

매미의 고장 보은, 매미의 5가지 덕을 교훈 삼은 왕의 모자

매미는 3~7년 동안 땅속에서 유충으로 살다가 땅 위로 올라와 성충이 된 후 약 한 달 동안 번식 활동을 합니다. 별도의 집도 없이 먹는 거라고는 그저 아침 이슬과 나무 수액뿐인 삶을 살지요. 우리 선조들은 매미의 삶에서

군자가 갖춰야 할 덕목을 찾아 '매미의 오덕(五德)'이라고 했어요.

매미의 오덕

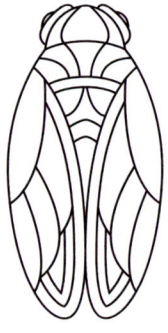

① 문(文) : 매미의 곧게 뻗은 입이 갓끈과 같아서 학문에 뜻을 둔 선비와 같다.

② 청(淸) : 깨끗한 이슬과 수액만 먹고 사니 청렴하다.

③ 렴(廉) : 사람이 힘들게 지은 곡식을 해하지 않으니 염치가 있다.

④ 검(儉) : 집을 짓지 않으니 욕심이 없어 검소하다.

⑤ 신(信) : 죽을 때를 알고 스스로 지키니 신의가 있다.

매미의 덕목은 나라를 다스리는 왕도 본받고자 했답니다. 조선 시대 임금이 쓰던 모자에 그 의지가 드러나 있어요. '익선관'이라고 부르는 조선 임금의 모자를 살펴봅시다.

모자의 뒷면이 매미 날개 모양과 닮았지요? 그래서 이름이 '날개 익(翼)'자와 '매미 선(蟬)' 자, '갓 관(冠)' 자를 써서 '익선관'이 된 거예요. 익선관을 쓴 왕이 매미의 오덕을 잊지 말고 백성들에게 선정을 베풀며 청렴하고 강

익선관

직하게 나라를 다스리기를 바라는 의미가 담겨 있지요.

벼슬을 받은 소나무, 정이품송

속리산을 대표하는 나무는? 맞아요! '정이품송'이에요. 정이품송이라 하면 조선 7대 임금인 세조와의 이야기를 빼놓을 수 없지요.

세조는 조카 단종을 폐위하고 왕위에 오른 인물입니다. 왕이 된 후 어느 날, 세조의 꿈에 단종의 어머니인 현덕 왕후가 나타나 세조에게 침을 뱉고 사라졌대요. 세조가 깜짝 놀라 깨니 현덕왕후가 침을 뱉은 자리가 곪기 시작했고, 점차 온몸으로 번졌지요. 피부병을 앓게 된 세조는 온갖 방법을 다 동원해 치료하려 했지만 소용없었어요. 그래서 부처의 힘으로 병을 고쳐 보고자 온양을 거쳐 보은 속리산을 방문하기로 했지요. 세조와 신하들이 말티재를 넘어 속리산으로 가던 중 길목에 있는 소나무에 임금이 탄 가마가 걸릴 것만 같았어요. 이때 가마를 보필하던 신하가 말했지요.

"소나무 가지에 가마가 걸리겠다."

그러자 소나무가 스스로 가지를 번쩍 들어 세조가 지나갈 수 있도록 길을 내주었대요. 또 돌아오는 길에 갑자기 비가 내렸는데, 이때 그 소나무가 가지로 세조가 비를 맞지 않도록 막아 주었다고 해요. 이에 세조는 크게 기뻐하며 소나무에게 정이품의 벼슬을 내렸다고 전해집니다.

속리산 정이품송

속리산 법주사로 가는 길 한가운데 서 있는 정이품송은 나이가 약 600살 정도로 추정되며 높이 14.5m, 가슴높이 둘레 4.77m예요. 모양이 매우 아름다우며 크고 오래된 나무라 생물 유전자원으로서의 가치가 매우 크답니다. 정이품송이 된 설화도 품고 있는 등 문화적인 가치 또한 커서 1962년부터 천연기념물로 지정하여 보호해 왔지요. 하지만 현재는 많은 나이와 강풍, 폭설 등으로 인하여 가지가 부러지고 썩어 버려 안타깝게도 그 모습이 많이 변했어요.

세조길을 걸으며 만나는 세조의 흔적

　속리산에는 이곳과 인연이 깊은 세조의 흔적이 여기저기 남아 있어요. 특히 법주사 삼거리부터 복천암에 이르는 편도 3.2km의 길은 600년 전 세조가 걸었던 길이라 하여 '세조길'이라 이름 붙여졌지요. 이 길에는 평소 피부병을 앓았던 세조가 목욕을 하면서 병을 고쳤다는 장소인 '목욕소'가 있어요. 세조가 자신의 잘못을 뉘우친 곳이라는 '세심정'도 있지요. 마지막으로 복천암은 세조가 스승으로 모시던 신미대사가 머물던 곳으로, 세조는 이곳에서 스승과 대화를 나누며 마음의 안정을 얻었다고 합니다.

목욕소
피부병으로 고생하던 세조가 목욕을 하고 있는데 약사여래의 명을 받고 온 월광태자가 나타나 "피부병이 곧 완쾌될 것이다." 하고 사라졌다는 전설이 전해지는 장소입니다.

세심정
한자로는 洗心亭, '마음을 씻는 정자'라는 뜻이에요. 세조가 왕위에 오르기 위해 저지른 악행과 잘못을 반성하고 뉘우친 장소라고 하지요.

복천암
속리산의 배꼽에 해당하는 복천암은 조선 시대 때는 복천사라 불렸고 세조가 행차하여 법회를 열었던 곳이에요.

세조길은 청량한 계곡의 물소리와 함께 멋진 소나무 숲을 보며 걸을 수 있는 길입니다. 솔향으로 가득한 세조길을 걸으면 피톤치드 효과를 누릴 수 있어요. 피톤치드란 'Phyton(식물)'과 'Cide(죽이다)'의 합성어예요. 나무가 곰팡이나 세균 등으로부터 스스로를 보호하기 위해 내뿜는 휘발성 항균 물질로, 심리적 안정·스트레스 완화·면역기능 강화·정신 안정 등의 건강 증진 효과가 있어요. 이런 세조길은 '치유의 숲 타당성 평가 조사 기준'에서 최고 점수를 넘기기도 했어요.

부처님의 법이 머무는 곳, 법주사

법주사는 신라 24대 진흥왕 14년(553) 때 신라의 의신스님이 창건한 절이에요.

인도에서 공부를 마친 후 신라로 돌아온 의신스님은 흰 나귀에 불경을 싣고 절을 지을 만한 터를 찾아 이리저리 떠돌았지요. 그러던 중 나귀가 지금의 법주사 터에 이르러 발걸음을 멈추고 갑자기 울기 시작했대요. 스님은 나귀의 행동에 이상한 생각이 들었고, 나귀에서 내려 산세를 둘러보았어요. 그리고 이곳이 산세가 수려해 절을 지을 만한 곳이라 판단하여 절을 짓게 되었다고 해요. 또 나귀에 싣고 다니던 경전, 부처님의 법이 머물렀다는 이유로 절 이름이 '법주사'로 정해졌다고 합니다.

이렇게 지어진 법주사는 신라 성덕왕과 혜공왕 때 다시 지어 큰 규모를 갖추게 되었어요. 이후 법주사는 임진왜란 때 승병의 중심지가 되었으나 그로 인해 정유재란 때 왜군에 의해 모조리 불타 버렸다고 해요. 전쟁 후 사명대사가 대대적인 공사를 시작해 인조 4년(1626)에 다시 대찰의 위용을 갖추었고, 여러 차례 고쳐 지어 오늘날 법주사의 모습을 갖추게 되었습니다.

법주사의 역사와 문화자원

2018년, 법주사를 비롯한 우리나라 산사 7곳이 유네스코 세계유산에 등재됐어요. 산사는 산에 있는 절이라는 뜻이에요. 이 절들은 7~9세기경에 세워진 후 1천 년 넘는 역사를 간직하고 있지요. 7곳의 산사들은 각각의 개성을 지녔지만 오랜 세월 동안 한 장소에서 산사만이 지닌 문화적 가치를 지켜 왔다는 점에서 인류 유산으로서의 보편성을 인정받았어요. 특히 법주사는 절 안팎의 수많은 유물과 유적에 그 가치가 고스란히 남아 있어요. 법주사 경내에는 쌍사자 석등(국보 제5호), 팔상전(국보 제55호), 석련지(국보 제64호) 등의 국보와 사천왕 석등(보물 제15호), 마애여래의좌상(보물 제216호), 신법 천문도 병풍(보물 제848호) 등의 보물 외에도 여러 점의 충청북도 지정유산이 있어요.

그중 팔상전은 국내 유일의 5층 목탑 건물로, 팔상전을 보려면 국내 천왕문 중 최대 규모의 사천왕문을 지나야 해요. 팔상전에 들어가면 부처님의 일대기를 여덟 장면으로 그린 팔상도(八相圖)를 감상할 수 있어요. 범종각을 지나면 두 마리의 사자가 석등을 받들고 있는 쌍사자 석등이 나와요. 쌍사자 석등을 지나면 사천왕 석등이 보이고, 높이 약 5.5m의 국내 최대 좌불인 소조비로자나삼불좌상(보물 제1360호)이 모셔진 웅장한 대웅보전(보물 제915호) 건물도 만날 수 있어요.

법주사의 국보들

국보 제5호 쌍사자 석등	국보 제55호 팔상전	국보 제64호 석련지

법주사 대웅전과 팔상전 사이에 있는 통일신라 시대의 석등으로, 사자를 조각한 석조물 가운데 가장 오래됐으며 매우 독특한 형태를 하고 있어요.	우리나라에 남아 있는 유일한 5층 목조탑이에요. 벽면에 부처의 일생을 여덟 장면으로 정리한 팔상도가 그려져 있어서 팔상전이라 불러요.	법주사 사천왕문을 들어서면 동쪽에 돌로 만든 작은 연못이 있는데, 불교에서 극락세계를 뜻하는 연꽃을 본떠 만들었어요. 물을 채워 연꽃을 띄워 두었다고 해요.

한라산국립공원

한라산

교과 과정과 연계되어 있어요!
*2022 개정 교육과정 기준

1. 한라산국립공원을 소개합니다
초등 사회 5~6학년군
① 우리나라 국토 여행

2. 한라산국립공원의 깃대종
초등 사회 5~6학년군
② 우리나라 지리 탐구
초등 과학 3~4학년군
② 동물의 생활, ③ 식물의 생활, ⑯ 기후 변화와 우리 생활

3. 한라산국립공원의 자연
초등 사회 5~6학년군
⑩ 세계의 자연환경
초등 수학 5학년 1학기
③ 규칙과 대응

4. 제주도만의 독특한 문화와 역사
초등 사회 3~4학년군
⑩ 다양한 환경과 삶의 모습

1 한라산국립공원을 소개합니다

한라산국립공원은 어떤 곳일까?

제주도는 동서로 약 73km, 남북으로 41km인 타원형 모양의 화산섬이에요. 신생대 화산활동으로 형성됐으며, '화산 박물관'이라고 불릴 만큼 다양하고 독특한 화산 지형이 많아요. 섬 중심부에는 남한에서 가장 높은 산인 한라산이 1,950m 높이로 우뚝 솟아 있답니다. 한라산의 정상부에는 깊이 108m, 너비 550m의 화구호인 백록담이 있지요.

한라산은 1970년 국립공원으로 지정되었으며 그 면적은 백록담을 중심으로 153km^{2}에 달해요. 그중 91km^{2}가 천연 보호구역으로 지정되었지요.

한라산은 전체적으로 경사가 완만한 방패형 화산이지만, 정상부는 경사가 급한 종 모양을 이루고 있습니다. 한라산 사면에는 '오름'이라 불리는 기생화산 400여 개가 곳곳에 분포합니다. 이 밖에도 용암동굴과 주상절리 등 특색 있는 화산 지형이 발달해 있어요.

한라산 백록담

한라산 이름의 뜻

한라산은 '은하수(한)를 어루만질 만큼(라) 높은 산'이라는 뜻이에요. 실제로 한라산은 해발 1,950m로 남한에서 가장 높은 산이지요. 한라산 정상에 가면 해발고도를 활용하여 만든 '1번 9경 50시오(한번 구경 오십시오)'라는 재미있는 문구도 만날 수 있다고 해요.

탐방로를 따라 한라산을 올라 보자!

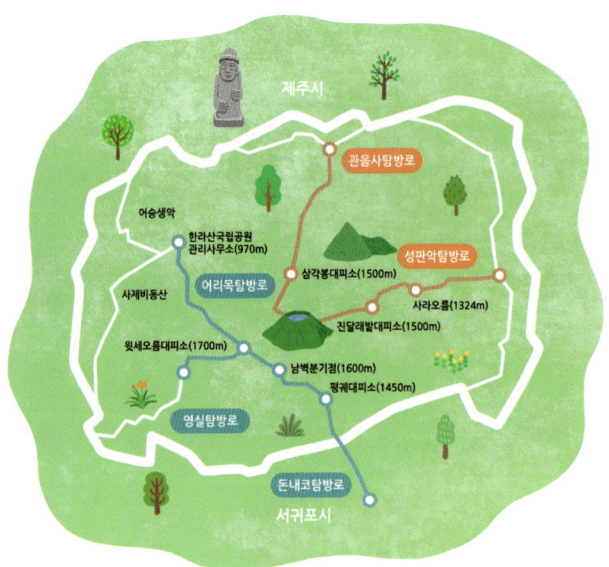

한라산 탐방로

한라산은 제주도 중심에서 넓게 펼쳐져 있는 만큼, 여러 지점에서 한라산 등반을 시작할 수 있어요. 한라산을 오를 수 있는 탐방로는 크게 5개로, 그중 성판악탐방로와 관음사탐방로에서는 한라산 정상인 백록담까지 오를 수 있답니다.

한라산을 등반하고 싶다면 사전에 각 탐방로의 특징과 난이도, 소요 시간을 확인해서 자신에게 맞는 탐방로를 선택하는 것이 좋아요. 그리고 한라산 지역의 날씨는 평지와 다를 수 있으므로 한라산국립공원에서 제공하는 실시간 정보를 확인하는 것도 잊지 마세요!

한라산국립공원의 깃대종

기후 변화로 사라질지도 모르는 한라산국립공원 깃대종 ① 구상나무

구상나무 열매

안녕! 나는 크리스마스트리로 사랑받는 구상나무야. 시원한 곳을 좋아하는 나는 요즘 기후 변화 때문에 원래 살던 곳보다 더 높은 곳에서 살게 됐어. 특히 더운 여름에는 더 높은 곳으로 올라가야 나를 볼 수 있어.
그런데 지금보다 지구가 더 더워지면 나는 어떻게 될까?

한라산에서는 높이에 따라 다양한 식물군을 볼 수 있어요. 보통 해발고도가 100m 높아질 때마다 기온이 약 0.6도씩 낮아져요. 그래서 제주도 해안지대에는 따뜻한 곳에서 잘 자라는 잎이 넓은 식물이 자라고, 해발 100~300m 중산간에는 낙엽이 지는 나무들이 분포해요. 그리고 더 높은 곳으로 올라가면 잎이 뾰족한 침엽수림대, 관목대, 고산식물대가 차례로 분포해요. 이렇듯 한라산은 하나의 산에서 해발고도에 따라 다양한 식물들을 관찰할 수 있어 생물학적 가치가 매우 높답니다.

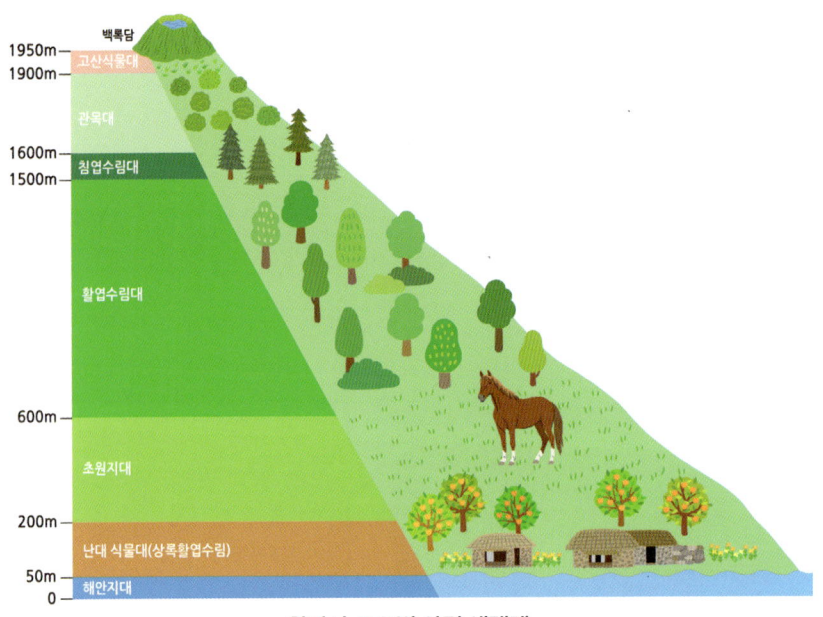

한라산 고도별 산림 생태계

그런데 한라산을 비롯한 우리나라의 여러 산림지역이 점점 사라지고 있어요. 바로 지구온난화 때문이에요.

지구온난화로 100년 후 한반도의 산림 분포대가 변화하는 모습이 오른쪽 그림에 나타나 있어요.

가장 왼쪽 그림은 현재, 가운데 그림은 100년 후 기온이 2도 상승했다고 가정했을 때, 오른쪽 그림은 100년 후 기온이 4도 상승했다고 가정했을 때 산림 분포대의 변화를 나타낸 거예요. 따뜻하고 더운 난대지역(빨간색)이 넓어지게 될 것으로 예상됩니다.

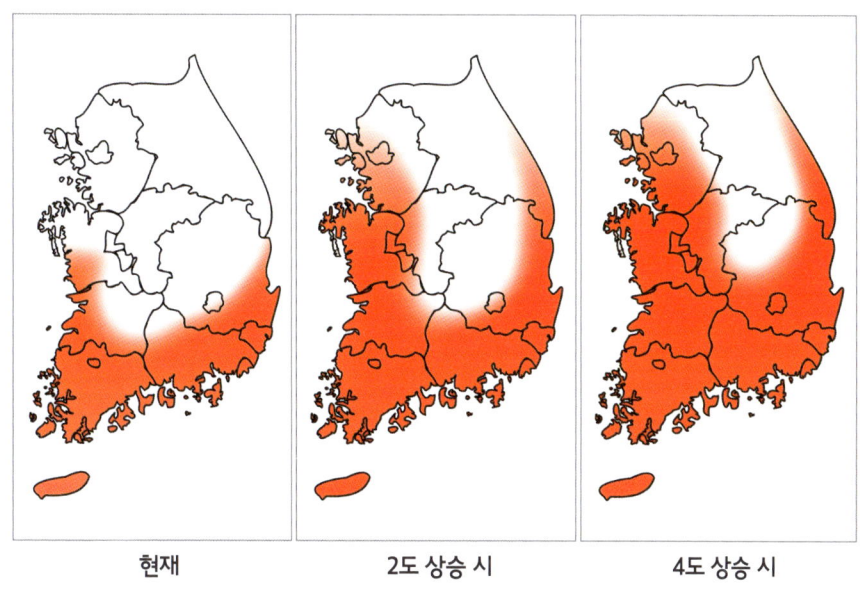

| 현재 | 2도 상승 시 | 4도 상승 시 |

고사한 한라산 구상나무

구상나무는 한반도 고유종으로 세계자연보전연맹(IUCN) 적색목록 멸종위기종입니다. 이름은 성게를 뜻하는 제주어 '쿠살'에서 유래되었어요. 우리나라에서 가장 큰 규모의 구상나무 자생지는 한라산인데, 한라산 고도 1,300~1,950m에 분포하고 있어요. 이 외에 지리산과 덕유산 아고산대*에서도 자생하고 있지요. 하지만 기후 변화로 인한 기온 상승과 가뭄으로 멸종위기에 처했어요. 심지어 한라산 구상나무 열매의 양을 조사해 본 결과 열매 맺힌 나무가 거의 없을 정도라고 합니다.

시원한 곳을 좋아하는 한라산국립공원 깃대종 ② 산굴뚝나비

나비도 기후 변화에 크게 영향받는 종 가운데 하나입니다. 언제부터인가

---

* 아고산대 : 해발 1,000~2,500m의 지대로 고산 초원지대와 활엽수림대 사이에 있으며, 저온 건조한 기온으로 침엽수가 많이 자랐으나 기후 변화로 인해 침엽수가 살기 힘든 환경이 되었다.

기후 변화로 인해 고유종이 사라지는가 하면 동남아 등 남쪽 지역에서 이동한 나비(물결부전나비, 먹그림나비, 암끝검은표범나비 등)가 하나둘씩 우리나라에 자리 잡고 있어요.

고도에 따른 나비의 분포 현황을 알아보기 위해 남한 지역에서 한라산·지리산·오대산·덕유산 등을 중심으로 관찰을 진행했어요. 특히 제주도 한라산은 환경부 멸종위기종으로 지정된 산굴뚝나비가 분포하는 곳이랍니다. 같은 지역에 사는 다른 나비로는 산꼬마부전나비와 가락지나비 등이 있어요. 이 나비들은 고도별 분포 변화 등을 관찰하기에 아주 좋은 종인데, 기후 변화에 따라 점차 서식지가 한라산 정상 부분으로 한정되고 있어요. 이렇게 서식 공간이 축소되니 그로 인한 일시적 멸종이나 극단적 개체 수 감소가 나타날 것으로 예상됩니다.

산굴뚝나비처럼 시원한 곳을 좋아하는 나비가 또 있어요. 바로 가락지나비예요. 가락지나비는 날개를 편 길이가 45mm 정도 되고 암컷이 수컷보다 약간 커요. 한라산의 1,200m 이상 고산지대의 건조한 풀밭에서 서식하지요. 앞·뒷날개에 가락지 모양의 무늬가 여러 개 있으며 각 무늬 가운데는 흰색이고 둘레는 담황색을 띱니다. 한라산에서 7~8월에 성체를 볼 수 있는데, 기후 변화로 우리나라에서는 분포 지역이 점점 줄어들고 있어요.

```
1950m
고산식물대
─────── 1900m
관목대  ●
         ●
─────────── 1600m
침엽수림대    ●
──────────────── 1400m

활엽수림대
                ●
───────────────────── 600m
초원지대
───────────────────────── 200m
난대 식물대
───────────────────────────── 50m
해안지대(취락)
```

산굴뚝나비 서식지 변화

가락지나비

한라산국립공원의 자연

유네스코 3관왕 한라산

제주도는 2002년 생물권 보전지역 지정을 시작으로 2007년 세계 자연유산 등재, 2010년 세계 지질공원 인증까지 유네스코 3관왕을 달성하면서 천혜 자연의 가치를 인정받았어요. 이는 세계적으로 유례가 없는 것으로, 제주도가 전 세계인이 함께 가꾸고 보전해야 할 '환경 자산의 보물섬'으로 도약한 거예요.

생물권 보전지역

제주도가 처음으로 유네스코 타이틀을 얻게 된 것은 생물권 보전지역으로 지정된 2002년 12월입니다. 생물권 보전지역은 생물다양성 보전과 지속 가능한 이용을 조화시키기 위해 '인간과 생물권 계획'에 따라 지정한 보호구역이에요.

세계 자연유산

2007년에는 화산섬 제주도가 그 경관적·지질학적 가치를 인정받아 한국 최초로 유네스코 세계 자연유산에 등재되었어요. 세계 자연유산 등재는 지구의 역사가 담긴 곳, 희귀한 동식물이 자라 생태학적으로 중요한 곳, 경관이 아름다운 곳 등을 지정해 보호하는 것을 목적으로 해요. 제주도에서는 한라산 천연 보호구역과 성산일출봉, 거문오름 용암동굴계가 '제주 화산섬과 용암동굴'이라는 이름으로 등재됐어요. 세계유산에 등재된 면적은 제주도 전체 면적의 10%가량입니다.

성산일출봉

세계 지질공원

2009년 11월에는 화산섬 제주도의 독특한 지질환경이 지닌 가치를 인정받아 제주도 섬 전체가 한국 최초로 세계 지질공원으로 지정되었어요. 한라산, 성산일출봉, 만장굴, 서귀포패류화석층, 천지연폭포, 대포해안 주상절리대, 산방산, 용머리해안, 수월봉, 우도, 비양도, 선흘 곶자왈 등이 지질 명소입니다.

대포해안 주상절리대

자연 속 신비로운 규칙성, 제주 고사리의 프랙털

고사리잎

제주 고사리는 임금님 수라상에도 올라갔을 만큼 맛이 좋다고 해요. 그 명성을 널리 알리고자 매년 '한라산 청정 고사리 축제(4월경 서귀포시 남원읍 일대)'를 개최합니다.

고사리를 비롯한 양치류 식물의 잎을 살펴보면 흥미로운 특징을 발견할 수 있어요. 고사리는 작은 잎이 모여 붙어 한 장의 큰 잎을 이룹니다. 그런데 작은 잎이나 큰 잎이나 모양이 같아요. 이렇게 부분이 전체를 닮는 자기 닮음성과 순환성을 가지는 것을 '프랙털(fractal)'이라고 해요.

프랙털이라는 용어는 프랑스 수학자 망델브로(Benoit B. Mandelbrot) 박사가 1975년 '쪼개다'라는 뜻을 가진 라틴어 'frāctus'에서 따와 처음 만들었어요. 프랙털 기하학이 획기적인 것은 구름이나 해안선, 나무껍질이나 번개 같은 자연의 모습을 새로운 방식으로 설명하고자 했기 때문입니다. 자연은 반듯한 직선으로만 이뤄지지 않으니까요.

제주의 자연에서도 다양한 프랙털 구조를 발견할 수 있지요. 눈의 결정, 나뭇가지 모양, 제주 특산품 브로콜리, 제주의 해안선, 하늘 위 구름 등도 프랙털 구조이니 잘 살펴보세요.

시에르핀스키 삼각형

제주도만의 독특한 문화와 역사

탐라국 제주

옛날 제주도는 탐라국이라는 독립된 나라였어요. 삼국 시대에는 백제에 특산물을 바치며 섬겼고, 삼국통일 후에는 신라를 섬겼어요. 그 후 신라가 망하고 고려가 들어서자 처음에는 저항했지만 결국 고려를 섬기게 됐어요. 고려 숙종 때에 들어서는 탐라국이라는 나라 이름을 쓰지 못하게 됐고 고려 고종 때부터는 제주라는 이름을 쓰면서 조정에서 파견한 관리가 제주도를 다스리게 되었습니다.

삼다도 제주

제주도는 육지와 멀리 떨어져 있어 독특한 자연환경과 문화가 발달하였으며, 예로부터 돌·바람·여자 세 가지가 많은 섬이라 하여 '삼다도(三多島)'라고 불려 왔지요. 제주도는 화산 분출 과정에서 나온 용암이 굳어서 만들어진 수많은 돌로 덮여 있는데, 특히 현무암이 많아요. 이렇게 돌이 많은 제주도에 사는 사람들은 밭을 만들 때 수많은 돌덩이를 치워야 했는데, 그 돌로 담을 쌓고 여러 가지 생활용품도 만들어 사용했어요.

또 제주도는 사방이 바다로 둘러싸여 있어 바람이 많이 불고, 태풍의 길목에 위치해 여름철에는 태풍의 영향을 크게 받는 곳입니다. 제주도 전통 가옥의 지붕을 바둑판처럼 새끼줄로 얽어맨 이유도 바람 때문이지요. 현대에는 이 바람을 이용해 풍력 발전에 유리한 지역으로 평가받아요.

현무암을 쌓아 만든 밭담

탐라 해상 풍력

예부터 제주도에는 남자보다 여자가 더 많았대요. 제주도 남자들은 생계를 위해 배를 타고 고기잡이를 하다가 바다에서 거친 파도를 만나 목숨을 잃는 경우가 많았어요. 그래서 남자보다 여자가 많았던 것이죠. 한편 제주도의 해녀 문화는 생계유지를 위해 거친 환경에 적응해 온 제주도 여성들의 강한 생활력을 보여 주는 소중한 문화유산입니다. 해녀 문화는 제주도의 문화 정체성을 상징한다는 점을 높이 평가받아, 2016년 유네스코 인류무형 문화유산에 등재되었어요.

제주도 해녀상

삼무도 제주

제주도는 도둑·거지·대문 세 가지가 없는 '삼무도(三無島)'이기도 해요. 전통적으로 명예를 중요하게 생각하는 제주도 사람들은 좁은 섬에 살며 서로를 잘 알았기에 나쁜 행동이나 부끄러운 행동을 하지 않았다고 합니다. 도둑질하지 않았고, 아무런 노력 없이 돈이나 물건을 요구하지 않았고, 그래서 집에 대문도 없이 살았지요. 제주도 사람들은 일터로 나갈 때 집에 사람이 없다는 표시로 입구에 '정낭'을 걸쳐 두기만 했답니다.

| 멀리 외출 중 | 저녁때 돌아옴 |
| (세 개 모두 꽂아 둠) | (아래 두 개만 꽂아 둠) |

| 금방 돌아옴 | 집에 있음 |
| (맨 아래 하나만 꽂아 둠) | (모두 빼 둠) |

제주도 정낭

사라져 가는 제주 방언의 위기, "알고 있수꽈?"

한국어의 6개 대방언 중 가장 독특한 방언은 제주어예요. 제주어는 음운·문법·어휘 측면에서 다른 방언과 큰 차이를 보여요. 그 형태나 표기의 특수성으로 인해 '훈민정음에 가장 가까운 한글'이라고 불리는 제주어는 현재 사멸 위기에 처해 있습니다.

지난 2010년 12월, 유네스코는 제주어를 인도의 코로어와 함께 '사라지는 언어' 5단계 중 4단계인 '아주 심각한 위기에 처한 언어'로 분류했어요. 현재 제주도는 제주어를 지키기 위해 다양한 교육 프로그램을 운영하는 등 많은 노력을 기울이고 있습니다.

내장산국립공원

교과 과정과 연계되어 있어요!
* 2022 개정 교육과정 기준

1. 내장산국립공원을 소개합니다
  초등 사회 3~4학년군
  ⑤ 지도로 만나는 우리 지역
  초등 사회 5~6학년군
  ① 우리나라 국토 여행

2. 내장산국립공원의 깃대종
  초등 사회 5~6학년군
  ④ 유적과 유물로 살펴본 옛사람들의 생활
  초등 과학 3~4학년군
  ② 동물의 생활, ③ 식물의 생활

3. 내장산국립공원과 주변의 자연
  초등 사회 5~6학년군
  ② 우리나라 지리 탐구

4. 내장산국립공원에서 만나는 우리 역사와 문화유산
  초등 사회 3~4학년군
  ⑥ 우리 지역의 문화유산

내장산국립공원을 소개합니다

내장산국립공원은 어떤 곳일까?

내장산국립공원은 1971년 11월, 내장산과 백암산, 입암산을 포함하여 국립공원으로 지정되었어요. 총면적은 약 80km²로 전북특별자치도 정읍시와 순창군, 전라남도 장성군에 걸쳐 있지요.

내장산은 예로부터 호남의 금강산이라 불리며 조선팔경의 하나로 이름난 산이에요. 내장산은 봄 신록, 여름 녹음, 가을 단풍, 겨울 설경 등 사계절이 두루 아름다운 명소로 연간 100만 명 이상이 방문한답니다. 특히 단풍철인 가을에 많은 탐방객이 찾아오고, 겨울에도 눈이 많이 내려 눈꽃이 핀 아름다운 풍경을 만날 수 있어 인기가 많지요.

내장산국립공원에는 중생대 백악기 화산활동으로 형성된 유문암질과 안산암질 암석이 많이 분포해요. 일부 지역에는 중생대 쥐라기 화강암도 분포하지요. 특히 정읍시 남쪽에 걸친 구역에는 순창군과 경계를 이루며 기암괴석이 말발굽 능선을 그립니다. 내장산국립공원의 지질 특성을 관찰할 수 있는 지질 명소로는 용굴, 벽련암, 약사암, 운문암 등이 있어요.

내장산은 신선봉, 서래봉, 불출봉, 연지봉, 망해봉, 까치봉, 연자봉, 장군봉, 월영봉 등 9개의 웅장한 봉우리를 자랑합니다. 그 사이로 금선폭포, 도덕폭포, 금선계곡, 원적계곡 등이 산과 어우러져 흐르지요. 또 내장산에는 굴거리나무, 비자나무 등 천연기념물로 지정된 희귀식물이 서식하여 보존 가치가 뛰어난 국립공원이에요.

내장산 이름의 유래

내장산은 원래 본사 영은사(靈隱寺)의 이름을 따서 '영은산'이라고 불렀어요. 그러나 계곡이 많아서 아무리 많은 인파가 몰려와도 굴곡진 계곡에 들어가면 그 많은 사람이 어디에 있는지 잘 보이지 않아 '마치 양의 내장 속에 숨어 들어간 것 같다' 하여 내장산이라고 불리게 되었어요. 또 산 안에 숨겨진 것이 무궁무진하다 하여 내장(內藏)산이라고 불렀다는 이야기도 있어요.

백제가요 정읍사와 정읍사 공원

정읍사(井邑詞)는 현존하는 유일한 백제가요예요. 이 노래는 장사를 하러 떠난 남편이 무사히 돌아오기를 바라는 아내의 마음을 담고 있지요. 전라북도 정읍시 시기동에 이 정읍사를 주제로 조성한 정읍사 공원도 있어요. 행상 나간 남편을 기다리던 정읍사 여인의 모습을 따 만든 망부상과 정읍사 노래비, 정읍사 여인의 제례를 지내는 사우 등을 건립했어요. 또 정읍사 여인과 부부·연인 사이의 영원한 사랑을 주제로 테마형 숲길인 정읍사 오솔길도 조성했어요. 정읍사 오솔길을 시작점으로 정읍시립 미술관, 정읍사 예술회관 등이 있는데, 시내 인근 지역이라 접근성이 좋아 관람객들이 많이 찾고 있답니다.

둘하 노피곰 도드샤	달님이여 높이 높이 돋으셔서
어긔야 머리곰 비취오시라	어긔야 멀리 비치시라
어긔야 어강됴리	어긔야 어강됴리
아으 다롱디리	아으 다롱디리
져재 녀러신고요	저자에 가 계신가요
어긔야 즌ᄃᆡ를 드ᄃᆡ욜셰라	어긔야 진 곳을 디딜까 두렵습니다
어긔야 어강됴리	어긔야 어강됴리
어느이다 노코시라	어느 것이나 다 놓고 오십시오
어긔야 내 가논ᄃᆡ 졈그룰셰라	어긔야 내 임 가시는 길 저물까 두렵습니다
어긔야 어강됴리	아그야 어강됴리
아으 다롱디리	아으 다롱디리

내장산 등산 코스 안내

코스	소요 시간	거리	문화유산 및 경관
원적골 자연관찰로 코스	1시간 20분	3.9km	조선 동종, 벽련암지, 자연 생태계 공원, 사랑의 다리, 단풍 터널, 산삼 약수, 원적계곡
전망대 코스	50분	1.4km	전망대, 케이블카
금선폭포 코스	1시간 50분	5.5km	용굴, 신선문, 기름 바위, 금선폭포, 용굴암, 은적암
내장사, 백양사 종주 코스	6시간	10.9km	극락보전, 대웅전, 사천왕문, 소요대사부도, 조선 동종, 학바위, 영천굴
신선봉 코스	4시간 20분	4.8km	내장사, 조선 동종, 신선봉, 장군봉, 까치봉, 내장산 단풍, 금선폭포, 신선 약수, 용굴, 신선문
능선 일주 코스	9시간	13.8km	내장사, 조선 동종, 서래봉, 불출봉, 신선봉, 장군봉, 까치봉, 망해봉, 연지봉, 연자봉, 내장산 단풍, 신선 약수
서래봉 코스	4시간 20분	6.6km	조선 동종, 벽련암지, 서래봉기암, 대나무 군락, 불출봉기암, 서래약수, 상사초 군락
상왕봉 코스	6시간	7.3km	극락보전, 대웅전, 사천왕문, 소요대사 부도, 학바위, 상왕봉, 백학봉, 영천굴, 금강폭포
남창 코스	3시간 30분	6.17km	극락보전, 대웅전, 사천왕문, 소요대사부도, 학바위, 상왕봉, 백학봉, 영천굴, 남창계곡, 몽계폭포

원적골 자연관찰로 코스

우리나라 국립공원 중 최초로 조성된 자연관찰로인 원적골 자연관찰로는 완만한 경사로 노약자와 어린이 탐방객들에게 적합한 산행 코스입니다. 일주문을 통과하여 내장사를 지나 원적암-사랑의 다리-벽련암-일주문으로 돌아오는 코스로, 편도 거리는 약 3.9km, 소요 시간은 약 1시간 20분 정도예요. 내장산 특유의 자연자원을 학습할 수 있지요. 조용한 숲 오솔길을 산책하면서 주변에 있는 나무와 풀, 새와 돌멩이들의 이야기를 들으면 자연의 소중함을 깨우치는 기회가 될 거예요.

등산의 기본, 지형도 읽기

등고선은 평균 해수면으로부터 같은 높이의 지점을 연결한 선입니다. 등고선을 이용하여 땅의 모양, 높이, 경사도 등을 읽을 수 있지요. 그래서 등고선을 읽으면 땅의 모양새를 짐작할 수 있습니다.

등고선을 이용하여 지형을 옆에서 바라본 모습도 그릴 수 있는데 이러한 그림을 '단면도'라고 합니다. 단면도를 보면 등고선의 간격이 넓은 지역은 경사가 완만하고, 등고선의 간격이 좁은 곳은 급경사가 나타나는 것을 알 수 있어요.

국립공원 탐방로 지도의 등고선을 읽으면 구간별 난이도를 유추해 볼 수 있어요.

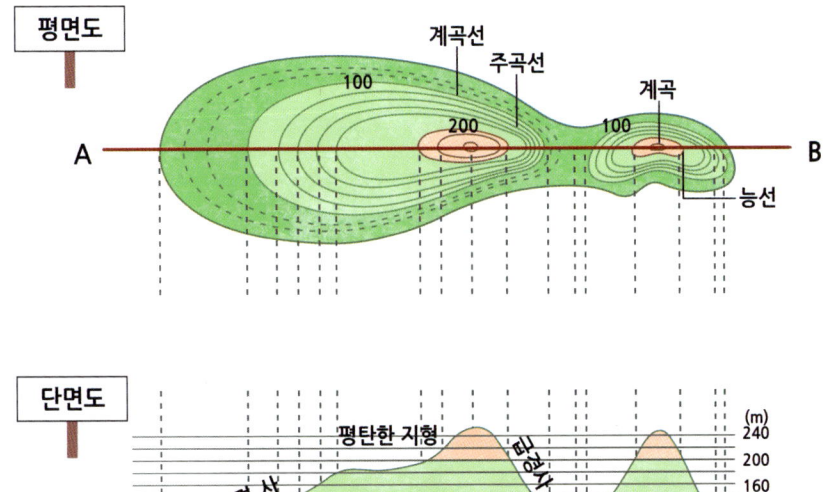

등고선 지형도

2 내장산국립공원의 깃대종

내장산국립공원 깃대종 ① 비단벌레

나는 몸에 화려한 광택이 있고, 몸길이는 2.5~4cm 정도야. 머리 중앙이 오목한데 겹눈은 암갈색이지.
어른벌레는 7~9월에 볼 수 있고, 애벌레일 땐 썩은 팽나무나 느티나무 속에서 산단다.

비단벌레는 비단처럼 반들반들한 등껍질로 인해 비단벌레라 불리게 됐어요. 우리나라 중부 이남의 따뜻한 산림지대에서 관찰되지요. 하지만 개체수가 매우 적고 서식지도 극히 제한적이라 멸종위기 야생생물 2급으로 지정되어 있어요.

비단벌레의 날개는 햇빛의 각도와 양에 따라 색이 달라지는데, 화려한 광택이 있고 빛이 납니다. 이런 이유로 우리나라에서는 오래전부터 비단벌레의 날개 껍질을 공예품 소재로 사용했어요. 대표적인 유물로 신라 시대(5세기

초)의 고분 황남대총에서 출토된 말안장 가리개가 있지요. 비단벌레 날개를 무려 2천여 장이나 사용해 장식했답니다.

비단벌레 장식 금동 말안장 뒷가리개 복원품. 폭 55.3cm, 높이 33cm

내장산국립공원 깃대종 ② 진노랑상사화

진노랑상사화는 내장산, 선운산, 불갑산 등에서 물가를 따라 수풀 속 낮은 곳에서 자라는 여러해살이풀로, 분포하는 지역이 매우 제한적인 희귀식물이에요. 진노랑상사화의 잎은 2월 말~5월에 보이고, 꽃대는 7월 말~8월 초에 올라와요. 이름대로 진한 노란색 꽃이 피지요. 대신 꽃과 잎이 서로 만나지 못해요. 그래서 서로 생각하고 그리워한다는 의미의 '상사(想思)'라는 단어가 이름에 들어가게 되었어요.

내장산국립공원의 식물 친구들

복수초	내장금창초	백양꽃
봄이 오기도 전에 꽃을 피우며 복과 장수를 기원하는 꽃이에요.	입술 모양으로 생긴 자주색의 꽃이 인상적이에요.	전라남도 백양사에서 처음 발견되었으며, 한국 특산식물 중 하나예요.

내장산국립공원과 주변의 자연

풍요로운 자연을 품은 전북특별자치도

전북특별자치도

전북특별자치도의 동쪽은 높은 산지, 서쪽은 평야와 해안입니다. 소백산맥과 노령산맥 사이에는 지리산, 덕유산, 내장산, 대둔산, 마이산, 모악산 등 아름다운 산들이 자리하고 있어요. 기후와 지형 조건이 벼농사에 알맞아서 예부터 전라도의 평야에서는 좋은 곡식이 많이 났지요. 경강과 동진강 유역에 자리한 호남평야에서 재배한 쌀은 전 국민의 밥상에 오르고, 전라도에 흉년이 들면 온 나라가 굶는다는 말이 있었을 정도랍니다. 더불어 식자재가 풍부해서 다양한 요리가 발달하고 음식 맛이 좋기로도 유명해요.

특히 전주의 비빔밥은 우리뿐 아니라 외국인도 좋아하는 음식입니다. 밥에 여러 나물과 고추장, 육회, 콩나물, 달걀, 황포묵, 깨소금, 참기름을 얹어 내어 직접 비벼 먹는 거예요. 함께 나오는 콩나물국도 유명하답니다.

순창의 고추장도 명성이 높아요. 빛깔이 곱고 독특한 맛과 향을 가진 순창 고추장은 명성이 자자해서 조선 시대에는 궁궐에서 사용될 정도였어요. 맛의 비밀은 물과 흙에 숨어 있어요. 순창의 물은 철분이 많고, 이곳에서 자란 고추와 메주콩은 당분이 많아서 고추장 맛이 좋은 것이라고 해요. 순창은 전통 고추장 비법을 전수하고 있는 장인들을 모셔 '순창 전통 고추장 민속 마을'을 만들어 순창 고추장의 명성과 전통을 이어 가기 위해 노력하고 있어요.

단풍이 아름다운 참나무 6형제

참나무는 우리나라에서 가장 흔히 자라는 나무로, 보통 도토리 열매를 맺는 나무들을 말해요. 참나무는 열매, 잎, 줄기 모든 것이 사람에게 이롭게 사용될 수 있어서 우리 조상님들은 이 나무를 '진짜 나무'라는 뜻에서 참나무라고 불렀어요. 특히 그 재질이 단단해서 땔감이나 숯으로 많이 사용됐지요. 참나무에는 굴참나무, 상수리나무, 떡갈나무, 신갈나무, 졸참나무, 갈참나무 등 6종의 참나무 형제들이 있어요.

굴참나무	잎 가장자리에 까칠한 가시가 나 있고, 피침형이에요.		잎 뒷면은 회백색이고, 나무껍질에는 푹신푹신한 코르크층이 있어요.
상수리나무			잎 뒷면은 연초록을 띠고, 나무껍질의 코르크층은 딱딱해요.
떡갈나무	잎 가장자리는 물결 모양이고, 달걀을 거꾸로 세운 모양(도란형)이에요.	잎자루가 없거나 거의 없어요.	잎자루가 없으며, 잎 뒷면에 털이 있어요.
신갈나무			잎자루가 거의 없으며, 잎에는 털이 없어요.
졸참나무		잎자루가 뚜렷하게 있어요.	잎 뒷면 주맥의 하단부에 털이 있어요.
갈참나무			잎 뒷면 주맥의 하단부에 털이 없어요.

'108그루 단풍 터널길'에서 만난 단풍

내장산 단풍의 백미로 손꼽히는 '108그루 단풍 터널길'은 일주문에서 내장사까지 108그루의 단풍나무가 우거져 있어 보는 이의 감탄을 자아내는 길이에요. 내장산 단풍나무 숲은 예부터 조선팔경의 하나로 여겨질 정도로 아름다운 숲이지요. 내장산 가을 단풍은 다른 산의 단풍보다 색이 선명하고 아름답기로 유명해요. 이 아름다운 내장산 단풍에는 다음과 같은 이야기가 전해지고 있어요.

108그루 단풍 터널길

옛날에 내장산 서래봉 아래에 어머니와 아들이 살고 있었어요. 어느 날 늦도록 돌아오지 않는 아들을 찾아서 어머니가 산길에 나섰어요. 그런데 길이 엇갈려서 아들은 못 만나고 어두워진 숲길을 헤매다가 기진맥진하여 쓰러지고 말았지요. 느지막이 집에 돌아온 아들은 어머니가 집에 안 계신 것을 알고 산신령께 어머니의 무사 귀가를 빌며 밤을 지새웠고요. 아들의 효심과 어머니의 자식을 향한 애정에 감동한 산신령은 어머니가 집으로 돌아올 길을 환히 밝히기 위해 내장산의 온 나뭇잎을 붉은빛으로 물들였다고 합니다.

천연기념물이 된 정읍 내장산 단풍나무

내장산을 대표할 만한 단풍나무 한 그루가 2021년 8월 천연기념물로 지정됐어요. 단풍나무가 천연기념물로 지정된 첫 사례이지요. 이 나무는 내장사에서 계곡을 따라 남서쪽으로 300m쯤 떨어진 곳에 서 있는 '정읍 내장산 단풍나무'예요.

이 나무는 내장산의 모든 단풍나무 가운데 가장 크고 오래된 나무라고 해요. 수령이 300년 정도 된 이 단풍나무는 높이가 17m에 이르고 가슴높이 몸통 둘레는 3m가 넘으며 나뭇가지 펼침 폭은 사방으로 20m나 되는 큰 나무입니다. 우리나라의 모든 단풍나무를 통틀어도 가장 크지요. 생김새가 장엄한 건 물론이고, 생육 상태도 좋은 편이라 가치가 높답니다.

4 내장산국립공원에서 만나는 우리 역사와 문화유산

신록(新綠)에 실록(實錄)을 더하다, 내장산국립공원 '실록길'

내장산은 그 풍광도 뛰어나지만 역사적으로도 매우 중요한 공간입니다. 바로 국보 제151호이자 유네스코 세계 기록유산인 조선왕조실록(오대산 사고본)과 국보 제317호 조선태조어진을 지켜 낸 장소이기 때문이지요.

1592년 임진왜란으로 성주 사고(史庫), 충주 사고, 춘추관 등에 보관했던 조선왕조실록이 모두 소실되고, 전주 사고(전주 경기전)마저 소실될 위험에 처했어요. 이때 정읍의 선비 손홍록과 안의, 희묵대사 등 수많은 정읍 사람들이 목숨을 걸고 조선왕조실록과 태조어진을 내장산까지 옮겨 370여 일 동안 밤을 지새우며 지켜 냈답니다. 이 실록은 선조가 피신해 있는 해주까지 이송됐다가 영변의 묘향산으로, 다시 강화도로 옮겨져 조선 전기 200년 역사가 지켜졌지요.

그 실록을 지켜 낸 역사에서 비롯된 내장산 실록길을 걷다 보면 내장산의 역사와 문화, 경관을 즐길 수 있어요. 내장사 일주문에서 시작해 약 400m 거리의 단풍 터널을 10분간 걸으면 금선계곡이 나와요. 금선계곡 탐방로는 비교적 평탄합니다. 탐방로 입구에서 용굴 입구까지의 거리는 약 1.7km, 소요 시간은 40분 정도예요. 금선계곡 위에 있는 용굴은 길이 8m, 높이 2~2.5m로, 조선왕조실록을 보존했던 터랍니다. 또 흔적이 남아 있는 비래암과 은봉암 역시 실록을 보관했던 사찰로 알려져 있어요.

한편 실록길의 시작점은 내장사 일주문으로, 내장사는 백제 무왕 37년 (636)에 창건한 사찰이에요. 창건 당시에는 현재의 백련암 자리에 있었어요. 원래 '영은사'라 불렸던 이 사찰은 여러 차례 소실과 재건을 거듭했고, 1938년 지금의 자리에 내장사를 지었답니다. 하지만 6·25전쟁으로 대부분 건물이 소실되어 지금도 재건되고 있어요.

우리나라는 기록의 나라, 세계 기록유산

유네스코는 1997년부터 2년마다 각 나라와 기구에서 등재를 신청한 기록물들을 심의해 세계 기록유산을 선정하고 있어요. 세계 기록유산으로 등재되려면 국경을 초월한 가치를 지녀야 해요. 즉, 한 나라의 역사와 문화를 넘어 전 세계에 영향을 미칠 정도로 중요한 기록물이어야 한다는 뜻이지요. 아시아·태평양 지역에서는 우리나라가 가장 많은 세계 기록유산을 보유하고 있답니다.

유네스코 세계 기록유산에 등재된 우리 문화유산

번호	우리 문화유산	등재 연도
1	훈민정음 (해례본)	1997
2	조선왕조실록	1997
3	승정원일기	2001
4	직지심체요절	2001
5	고려대장경판 및 제경판	2007
6	조선왕조 의궤	2007
7	동의보감	2009
8	일성록	2011
9	5·18 민주화운동 기록물	2011
10	난중일기	2013
11	새마을운동 기록물	2013
12	한국의 유교책판	2015
13	KBS 특별 생방송 「이산가족을 찾습니다」 기록물	2015
14	조선 통신사 기록물	2017
15	조선왕실 어보와 어책	2017
16	국채보상운동 기록물	2017
17	4·19혁명 기록물	2023
18	동학농민혁명 기록물	2023

가야산국립공원

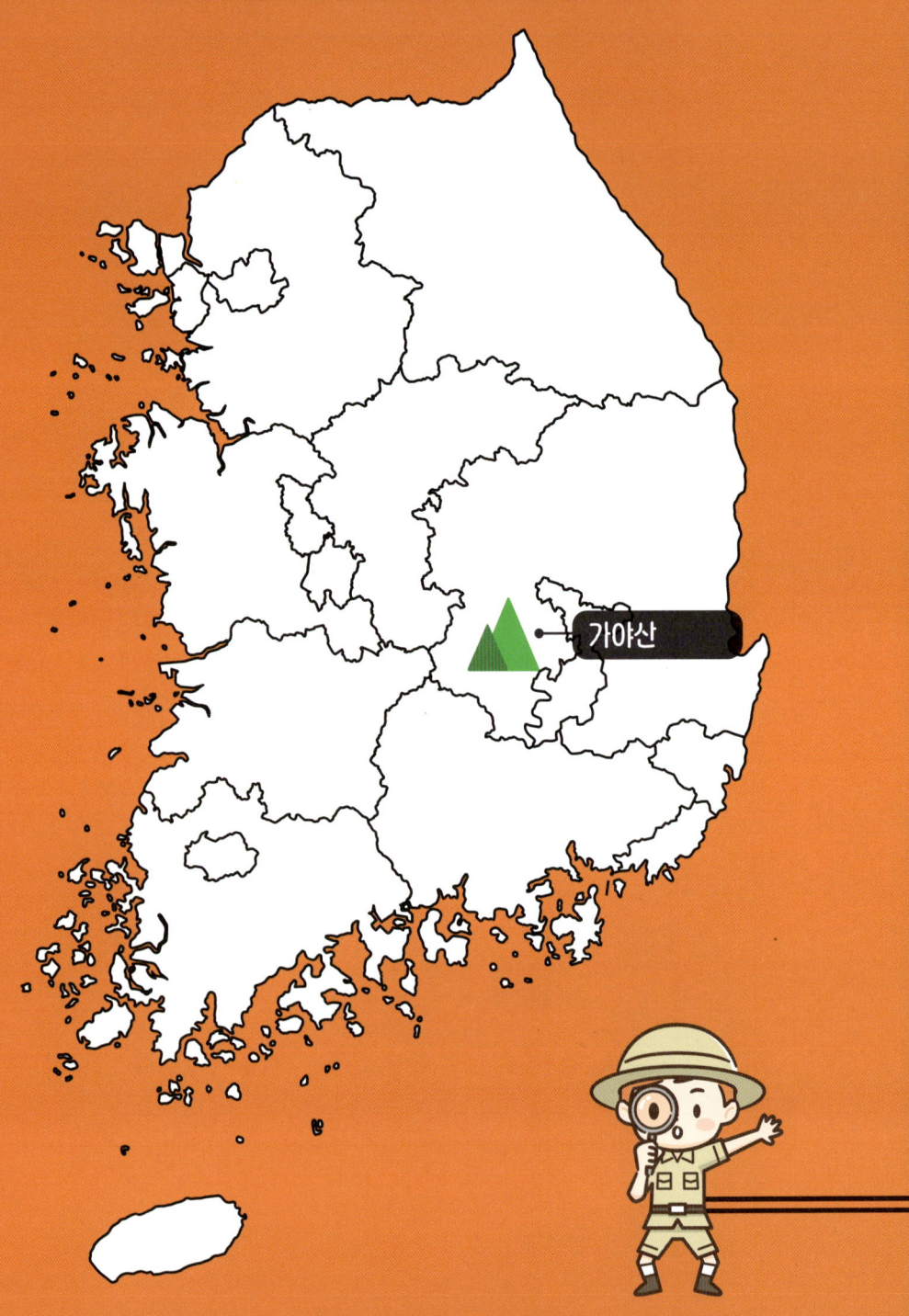

교과 과정과 연계되어 있어요!
* 2022 개정 교육과정 기준

1. 가야산국립공원을 소개합니다
   초등 사회 5~6학년군
   ① 우리나라 국토 여행

2. 가야산국립공원의 깃대종
   초등 과학 3~4학년군
   ② 동물의 생활, ③ 식물의 생활

3. 가야산국립공원 주변 지역
   초등 사회 3~4학년군
   ② 일상에서 만나는 과거

4. 가야산국립공원에서 만나는 우리 역사와 문화유산
   초등 사회 5~6학년군
   ④ 유적과 유물로 살펴본 옛사람들의 생활

가야산국립공원을 소개합니다

가야산국립공원은 어떤 곳일까?

가야산국립공원은 1972년에 국립공원 제9호로 지정되었고, 경상남도 합천군과 경상북도 성주군에 걸쳐 있어요. 가야산은 예로부터 뛰어난 자연경관으로 이름난 곳이랍니다.

가야산은 역사적 가치가 뛰어난 곳으로도 유명해요. 불교의 성지인 가야산에는 1995년 12월 유네스코 세계 문화유산으로 지정된 장경판전과 세계 기록유산인 팔만대장경을 보유하고 있는 해인사가 있어요. 또 신라 말 대학자 고운 최치원 선생의 자취가 남아 있는 농산정, 학사대 등 많은 유적이 있지요.

가야산국립공원의 주요 탐방 코스로는 가야산 소리길 코스, 가야산 1코스, 남산제일봉 1코스, 만물상 코스, 남산제일봉 2코스가 있어요. 그중 어린이와 청소년들이 가장 걷기 쉬운 코스는 소리길 코스예요. 대장경 테마파크에서 해인사까지 편도 길이가 7km가 넘지만 전체적으로 완만하며, 잘 보전된 소나무 숲을 만나고 계곡의 물소리, 새소리, 바람 소리를 들으며 걸을 수 있는 매력적인 길이랍니다.

가야산 상왕봉

가야산 이름의 유래

　가야산 지명의 유래에 관해 두 가지의 설이 있어요. 먼저 가야산이 있는 합천·고령 지방은 과거 대가야국의 땅이었어요. 따라서 대가야 지방을 대표하는 산이며 가야국 기원에 관한 전설도 있는 까닭에 가야산이라는 이름을 얻게 되었다는 설이 유력해요.
　한편, 가야산의 정상부가 소의 머리처럼 생겨서 불교가 전해지기 이전의 이름은 '우두산'이었는데, 불교가 들어온 뒤 범어에서 소를 뜻하는 '가야'로 바꿔 불렀다는 이야기도 있어요. 여러분 생각에는 어떤 유래가 더 그럴듯한가요?

가야산국립공원의 깃대종

가야산국립공원 깃대종 ① 삵

가야산국립공원의 깃대종인 삵은 예전부터 우리나라에 살았던 고양잇과 동물입니다. 살쾡이라고도 해요. 몸길이 55~90cm, 꼬리는 약 45cm 정도로 고양이보다 몸집이 크고 몸에 점이 많아요. 이마에 두 줄로 난 흰색과 흑갈색 털도 큰 특징입니다. 삵은 다른 고양잇과 동물처럼 주로 밤에 활동하며 뛰어난 사냥 솜씨로 쥐나 토끼, 새 등을 사냥해서 먹어요. 점프도 잘해 나무에도 잘 올라갑니다.

삵의 흔적은 우리나라 삼림 곳곳에서 찾아볼 수 있지만 삵의 실제 모습을 만나기는 어렵답니다. 경계심이 강하고 주로 어두운 밤에 숨어서 활동하기 때문이에요. 대신 발자국과 배설물로 그 흔적을 찾아볼 수 있어요. 삵 발자국은 동그랗고 발가락 4개가 찍혀 고양이와 비슷해요. 다른 고양잇과 동물처럼 날카로운 발톱이 있지만 발톱을 오므리고 있어서 발자국에는 발톱이 드러나지 않지요.

삵은 1950년 무렵만 해도 전국의 산간 계곡에서 흔히 볼 수 있었어요. 하지만 6·25 전쟁 이후 쥐를 잡겠다며 강한 약을 마구 쓴 결과 쥐를 잡아먹던 삵도 멸종위기에 처했지요. 현재는 환경부가 멸종위기 야생생물로 지정하여 보호하고 있어요.

이렇듯 보기 어려운 삵을 밤하늘에서도 찾아볼 수 있다는 것 알고 있나요? 바로 별자리 살쾡이자리 얘기예요. 살쾡이자리는 17세기 요하네스 헤벨리우스에 의해 만들어진 별자리로 알려져 있어요. 사실 살쾡이자리는 마차부자리와 큰곰자리 사이의 빈틈을 메꾸고자 만들어진 별자리예요. 그래서 눈에 띄는 별도 별로 없지요. 애초에 헤벨리우스가 살쾡이자리라는 이름을 붙인 이유가 살쾡이처럼 시력이 좋아야 이 별자리를 찾을 수 있기 때문이라고 해요.

가야산국립공원 깃대종 ② 가야산은분취

　가야산은분취는 여러해살이풀로 잎 뒷면과 꽃에 뽀얀 은가루를 뿌려 놓은 듯한 은분취류입니다. 가야산에서 처음 확인된 꽃이라 '가야산'이라는 이름이 붙은 거지요. 잎 모양은 삼각형에 끝은 길고 뾰족하며 밑부분은 심장 모양이에요. 잎 뒷면에는 솜 같은 하얀색 털이 빽빽하게 나 있어요. 8월에 자줏빛 꽃이 피고 가을에 가야산의 고지대(1,100m 이상)에서 많이 관찰된답니다.

가야산국립공원의 식물 친구들

태백제비꽃	백리향	솔나리
제비꽃과에 속하는 여러해살이꽃이에요. 4~5월에 흰색 꽃이 피어요.	6월에 꽃이 피며 그 향기가 100리 밖까지 풍긴다는 이름처럼 꽃 향이 아름답기로 유명해요.	주로 고산지역에서 자라며 잎이 솔잎처럼 가늘다고 하여 솔(잎)나리라 불러요. 7~8월에 꽃이 핀답니다.

3 가야산국립공원 주변 지역

가야산국립공원과 주변 지역

가야산국립공원의 주변 지역인 경상남도 합천군, 경상북도 성주군, 고령군 등에도 방문하면 좋은 곳들이 많아요.

경상남도 합천군
- 대장경 테마파크

  고려 '재조대장경(팔만대장경)'의 우수성과 역사성을 체험할 수 있어요.
- 합천 영상 테마파크

  촬영 세트장으로, 근현대를 배경으로 한 드라마나 영화에서 많이 활용되고 있어요.

경상북도 성주군

세종대왕자 태실의 모습

- 가야산 역사 신화 공원

  가야산의 자연, 가야국 건국 신화를 주제로 한 전시 테마관과 산책로, 숲속 쉼터 등으로 구성된 테마 관광지입니다.

- 성주 역사 테마 공원

  성주읍성, 조선왕조실록을 보관한 성주 사고 등 성주의 옛 모습을 재현한 공원입니다.

- 세종대왕자 태실(태반과 탯줄을 보관하는 곳)

  세종의 왕자들 중 문종을 제외한 18명의 왕자와 원손 단종의 태실 등

19기의 태실이 모여 있어요.

경상북도 고령군

- 대가야 박물관

  옛 고령을 도읍으로 삼았던 대가야를 기념하기 위해 군에서 건립한 공립박물관으로 대가야 역사관, 왕릉 전시관 등이 있어요.

- 대가야 테마파크

  대가야의 문화 및 역사를 주제로 한 역사 테마파크예요.

- 우륵 박물관

  가야와 신라의 음악가 우륵을 주제로 가야금을 설명하는 테마 박물관이에요.

- 고령 지산동 대가야 고분군

  대가야 시대에 축조된 무덤군이에요. 당시의 장례 풍습과 무덤 양식에 대해 이해할 수 있어요.

고령군 지산동 일대 대가야 고분군

4. 가야산국립공원에서 만나는 우리 역사와 문화유산

가야는 어떤 나라였을까?

가야는 낙동강 유역의 변한 지역에서 성장했어요. 기원전 1세기 고구려·백제·신라가 생겨날 즈음, 낙동강 서쪽에 가야가 세워졌지요. 이후 500년의 역사를 이어 갔던 가야는 고구려·백제·신라와 더불어 엄연히 고대 한반도 국가 중 하나였어요. 가야의 건국 이야기는 고려 시대 승려 일연이 지은 『삼국유사』에 다음과 같이 전해집니다.

아직 나라의 이름도, 왕도 없을 때 9명의 족장들이 백성들을 다스렸어요. 어느 날 구지봉이라는 작은 봉우리에서 이상한 소리가 들렸어요. 족장들이 가 보니 하늘에서 신비한 목소리가 노래했지요.
"거북아 거북아, 머리를 내어라. 내밀지 않으면 구워 먹겠다."
이어 말하기를,
"나를 따라 노래하고 춤추면 왕을 맞게 될 테다."
이 말에 따라 노래를 부르고 춤을 추자 하늘에서 붉은 보자기에 싸인 금으로 된 상자가 내려왔고, 상자를 열어 보니 황금색 알 6개가 있었어요. 6개의 알에서 어린아이가 나왔는데, 가장 먼저 나온 아이가 김수로였습니다. 김수로가 금관가야의 왕이 되었고, 다른 아이들도 각각 다른 가야국의 왕이 되었지요.

이야기 속 아홉 족장이 구지봉에서 불렀던 노래는 '구지가(龜旨歌)'로 알려져 있어요. 구지가의 내용을 살펴봅시다.

구지가

龜何龜何(구하구하)
거북아 거북아
首其現也(수기현야)
머리를 내어라
若不現也(약불현야)
내놓지 않으면
燔灼而喫也(번작이끽야)
구워서 먹으리

신화에서 알 수 있듯이 가야는 작은 나라 여러 개가 모인 '연맹'의 형태였어요. 가장 힘이 센 나라가 나머지 나라들을 이끌었지요. 처음에는 경상남도 김해 지역의 금관가야가 중심이었다가 나중에는 경상북도 고령 지역의 대가야가 중심이 됩니다.

가야 연맹

가야의 뛰어난 철기와 토기 문화

가야 지역에서는 농업이 발달했어요. 또 낙동강 유역에서 생산되는 질 좋은 철을 바탕으로 뛰어난 철기 문화를 자랑했습니다. 가야의 철기는 백제, 신라 등 이웃 나라에서도 인기였어요. 특히 낙동강 유역에 자리 잡은 금관가야는 뱃길을 이용해 중국과 일본에까지 철을 수출했어요.

유네스코 세계유산인 가야 고분군에서 발굴된 토기들을 통해 가야의 우수한 토기 문화도 엿볼 수 있습니다. 수레바퀴 모양 토기와 같은 특이한 모양의 토기들이 가야 토기의 특징이에요. 가야의 세련된 토기 기술은 일본에까지 전해졌대요.

가야 철제 투구. 합천 옥전 고분군 출토

수레바퀴 모양 토기

가야에서 태어난 가야금

　가야 말기의 왕이었던 가실왕은 '음악을 통해 여섯 가야의 마음을 하나로 모으자'라고 생각했대요. 음악을 무척 좋아했던 가실왕은 중국의 현악기를 본떠 가야금을 만들었어요. 가야금의 줄은 12개예요. 국악에서 한 옥타브를 12음으로 나눈 12음률을 본뜬 것으로, 1년 12달 모든 가야 사람들이 사이좋게 지내자는 뜻을 담았어요.

　이렇게 악기가 완성되자 가실왕은 궁중 악사였던 우륵을 불렀어요. 그리고 가야금으로 연주할 수 있는 12곡의 음악을 만들 것을 명했지요. 우륵은 가야 연맹체의 단결을 바라는 가실왕의 뜻을 전하고자 여섯 가야국을 돌며 사람들이 모이는 곳에서 가야금을 연주했답니다. 그러나 가야 연맹은 가실왕의 바람과는 달리 6세기 초부터 하나둘 신라에 흡수되면서 안타깝게도

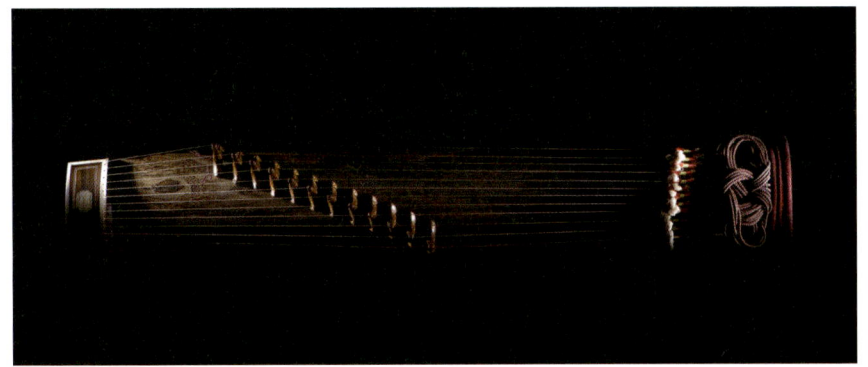
가야금

멸망의 길을 걷게 되었지요.

562년 가야가 멸망한 후 우륵은 신라로 건너가 가야의 음악을 전했어요. 우륵의 음악을 좋아했던 신라 진흥왕은 우륵이 만든 음악을 궁중에서 사용하는 음악으로 삼았습니다. 우륵은 신라로 건너간 이후에도 180곡이 넘는 가야금 곡을 지어 우리 역사에 위대한 음악가 중 한 사람으로 남았어요.

보물을 간직한 합천 해인사

경상남도 합천군에 있는 해인사는 신라 제40대 애장왕 3년(802) 순응과 이정 두 대사가 나라의 협력을 얻어 창건했어요. 여기에는 창건 설화가 함께 전해집니다.

해인사가 창건될 무렵 애장왕의 왕비가 큰 병에 걸렸어요. 애장왕은 왕비의 병을 고치기 위해 덕이 높은 승려를 모셔 오라고 명령

했어요. 고승을 찾아 헤매던 신하는 가야산 근처를 지나다가 하늘에 솟은 빛을 보게 되었습니다. 그곳으로 찾아가니 순응과 이정 두 스님이 있었어요.

신하가 두 스님에게 찾아온 이유를 설명하자, 스님들은 명주실을 주면서 실의 한끝은 궁궐 뜰 앞 배나무에 매고 다른 한끝은 왕비가 누워 있는 방 문고리에 매라고 했어요. 신하가 돌아가서 두 스님이 시키는 대로 하니, 배나무가 말라 죽으면서 왕비의 병이 말끔히 나았습니다. 애장왕은 그 은혜에 감사하며 두 스님이 수행하던 자리에 절을 지었는데, 그 절이 바로 해인사라고 해요.

해인사 팔만대장경 천년의 비밀!

해인사에는 국보 제32호 팔만대장경판, 국보 제52호 장경판전 등의 국보와 20여 점이 넘는 보물과 역사 깊은 암자들이 있어요.

대장경은 부처의 말씀과 불교의 제율 등을 집대성한 경전이에요. 고려대장경, 즉 팔만대장경은 몽골이 고려에 침입했을 때 부처의 힘으로 몽골의 침략을 막고자 만들어졌어요. 이 작업은 무려 1236년부터 1251년까지 16년에 걸쳐 이루어졌어요. 총 약 8만 개의 목판 양면에 불경을 새겨서 팔만대장경이라 부르지요. 여기에 새겨진 5천2백만 자의 글자는 오탈자가 거의 없이 모두 고르고 정밀해서 고려의 목판 제조술, 조각술, 인쇄술 등이 매우 뛰어났음을 알 수 있어요.

변형이 쉬운 목판에 새겨진 팔만대장경이 수백 년 세월이 지났음에도 지금까지 원래의 모습을 간직하고 있다는 사실이 매우 놀라운데요, 어떻게

해인사 전경

그토록 오랜 세월 동안 잘 보존될 수 있었을까요? 거기에는 우리 조상들의 지혜와 과학적 원리가 숨어 있답니다.

먼저 경판에 쓰일 나무를 고르는 과정부터 과학적인 지식이 총동원됐어

고려대장경 목판

요. 물관이 골고루 퍼져 있어 수분 함유율이 일정한 산벚나무를 베어 바닷물에 오랫동안 담근 뒤, 다시 소금물에 삶아서 그늘에 서서히 말렸어요. 이런 과정을 거치면 나무의 진이 빠지고 수분이 고르게 퍼지며 나뭇결이 부드러워지는 효과가 있다는 사실을 우리 조상들은 이미 알고 있었던 것이죠.

이렇게 제작된 목판에 경전 내용을 적은 종이를 붙여 정성스레 새겼어요. 벌레가 갉아 먹거나 물이 스며들어 경판이 썩는 것을 방지하기 위해 여러 차례 옻칠도 했지요. 그다음에는 경판의 네 귀퉁이에 나무를 덧대어 뒤틀리지 않도록 했고요. 이러한 과학적인 지식과 지극한 정성 덕분에 경판이 오늘날까지 잘 전해지게 된 겁니다.

대장경판은 '고려대장경판 및 제경판'이라는 이름으로 2007년 6월 유네스코 세계 기록유산으로 등재되어 그 가치를 인정받았습니다.

덕유산국립공원

교과 과정과 연계되어 있어요!
*2022 개정 교육과정 기준

1. 덕유산국립공원을 소개합니다
초등 사회 5~6학년군
① 우리나라 국토 여행

2. 덕유산국립공원의 깃대종
초등 과학 3~4학년군
② 동물의 생활, ③ 식물의 생활, ⑯ 기후 변화와 우리 생활

3. 덕유산국립공원의 자연
초등 사회 5~6학년군
② 우리나라 지리 탐구
초등 과학 3~4학년군
⑭ 생물과 환경
초등 과학 5~6학년군
⑥ 날씨와 우리 생활

4. 덕유산국립공원에서 만나는 우리 역사
초등 사회 3~4학년군
⑥ 우리 지역의 문화유산

덕유산국립공원을 소개합니다

덕유산국립공원은 어떤 곳일까?

덕유산은 1975년에 우리나라의 10번째 국립공원으로 지정되었어요. 덕유산국립공원은 전북특별자치도 무주군과 장수군, 경상남도 거창군과 함양군에 걸쳐 있으며, 해발 1,614m의 향적봉을 정상으로 하여 백두대간의 한 줄기를 이루고 있답니다.

덕유산국립공원 지역의 기반암은 선캄브리아대 변성암류인 편마암입니다. 편마암은 부서지는 과정에서 입자가 고운 흙이 되는데, 그것이 오래도록 쌓여 흙산을 이루어요. 그래서 덕유산도 지리산과 함께 대표적인 흙산으로 분류해요. 북한산이나 설악산 같은 돌산과 달리, 품이 넓고 산세가 부드러운 것이 흙산의 특징이랍니다. (돌산과 흙산의 차이는 '설악산국립공원 편' 115~116쪽을 참고하세요.)

덕유산은 한자로 '덕 덕(德)' 자에 '넉넉할 유(裕)' 자를 써요. 덕이 많고 너그러운 어머니와 같은 산이라는 의미를 담고 있답니다.

덕유산 전경

덕유산 탐방 코스

덕유산에는 예로부터 33경으로 불리는 뛰어난 경관들이 있는데, 그중 기암절벽과 여울들이 굽이굽이 이어지는 구천동계곡이 가장 유명하답니다.
 덕유산의 아름다움을 만끽할 수 있는 여러 탐방 코스를 알아볼까요?

구천동계곡 코스
 구천동계곡 코스는 구천동 탐방지원센터에서 구천동 33경을 따라 향적봉까지 이어지는 탐방 코스로, 월하탄과 비파담, 구천폭포 등 아름다운 경관을 감상할 수 있어요. 편도 8.5km로 3시간 정도 걸리는 이 코스는 백련사까지 완만한 경사를 따라가는 산책 코스예요. 탐방로 주변에는 다양한 쉼터가 조성되어 있어 온 가족이 부담 없이 즐길 수 있지요.

또 덕유산국립공원 깃대종인 금강모치가 사는 청정한 구천동계곡과 폭포를 볼 수 있는 탐방 코스랍니다. 이 코스에서 월하탄 화장실을 지나 5m 정도 걷다 보면 길이 갈라지는데, 직진하면 백련사로 가는 자전거도로를 만날 수 있어요. 좌측으로는 구천동 어사길이 조성되어 있어 역사 이야기와 함께 걷기 좋은 길이지요.

남덕유산 코스

경상남도 거창군 북상면과 함양군 서상면, 전북특별자치도 장수군 장계면의 경계 지역의 코스입니다. 덕유산국립공원의 대표 탐방 코스예요. 편도 거리 3.6km로, 2시간 30분 정도 걸려요. 가파르고 험준하며 특히 남덕유산 정상 부근 계단은 경사가 아주 급해요. 많은 사람이 겨울철 설경을 보기 위해 즐겨 찾는 코스지만, 어린이와 청소년에게는 다소 위험할 수 있으니 철저한 등산 준비가 필요하답니다.

향적봉 1코스와 곤돌라

설천봉에서 향적봉까지 가는 코스예요. 아고산대의 아름다운 야생화를 감상할 수 있어요. 편도 0.6km로, 약 20분이 소요됩니다. 나무 계단이 잘 설치되어 있고 경사가 완만한 쉬운 코스라 온 가족이 부담 없이 함께 걸을 수 있지요.

향적봉까지 더 편하게 가는 길도 있어요. 무주덕유산리조트에서 운영하는 관광 곤돌라를 이용하여 덕유산 최고봉인 향적봉(1,614m)까지 가는 거예요. 길이는 2.7km로, 곤돌라를 20분 정도 타면 향적봉에 도착해요. 겨울에는 상고대와 설경, 봄에는 진달래와 철쭉군락이 아름다우며 다양한 아고산대 야생화를 볼 수 있는 코스로 연간 약 60만 명이 탐방하는 코스랍니다.

 2 덕유산국립공원의 깃대종

덕유산국립공원 깃대종 ① 구상나무

    구상나무는 서양에서 크리스마스트리로 사랑받는 나무예요. 그런데 원조 구상나무의 고향이 우리나라라는 걸 알고 있었나요? 구상나무는 원래 전 세계에서 우리나라에서만 자라는 소중한 나무예요. 한라산과 지리산, 덕유산 등에 분포하며 높고 서늘한 숲에서 잘 자라지요. 잎이 잘 떨어지지 않는 데다 원뿔처럼 자라는 나무 모양이 단정하고 솔방울의 색깔이 알록달록해서 정원수로도 많이 심어요.

'한라산국립공원 편'에서도 구상나무에 대해 알아봤지요? 소나뭇과 전나무속 상록수인 구상나무의 이름은 제주도 방언 '쿠살낭'에서 유래했어요. '쿠살'은 성게, '낭'은 나무라는 뜻으로, 잎이 가지에 달린 모습이 성게와 닮아서 붙은 이름이에요. 구상나무의 영어 이름 'Korean Fir', 학명 'Abies koreana'에도 구상나무의 고향이 우리나라임이 분명히 드러나 있어요.

이 구상나무는 1920년 영국인 식물학자인 윌슨 박사가 신품종으로 발표한 이후 미국, 유럽 등지에 널리 전파돼 값비싼 정원수와 크리스마스트리로 인기가 많답니다.

덕유산국립공원 깃대종 ② 금강모치

금강모치는 한강의 최상류, 금강의 무주 구천동계곡 등 깊은 산에서 맑고 차가우며 산소가 풍부한 1급수 물에서만 살아요. 그만큼 기후 변화를 잘 감지하는 어류이기도 해요. 이처럼 금강모치는 기후 변화 생물지표종인 동시에 1급수를 나타내는 지표생물입니다.

몸길이는 7~8cm로 등지느러미가 시작되는 지점에 검은색의 반점이 있어요. 수컷은 산란기에 몸 양쪽에 두 줄의 주황색 줄이 나타나지요. 물속의 작은 곤충이나 작은 갑각류, 동물성 플랑크톤을 먹어요.

덕유산국립공원의 자연

물고기를 보면 물이 보인다!

개울이나 강을 흐르는 물속에는 폐플라스틱이나 폐비닐처럼 눈에 보이는 오염물질도 있고, 눈에 잘 보이지 않는 오염물질도 있어요. 그래서 물이 실제로 어느 정도 오염됐는지를 알아보기 위해 여러 가지 방법을 사용합니다. 약품 등을 이용하여 직접 관찰해 보기도 하고, 자동으로 수질을 측정해 주는 기계를 설치하기도 하지요. 또 물속에 사는 생물을 기준으로 삼아 환경 생태를 측정할 수 있는데, 이런 생물을 '지표생물'이라고 합니다. 물속에 사는 지표생물의 종류에 따라 물의 오염도를 판정할 수 있어 지표생물을 '생물학적 감지기'라고도 해요.

지표생물의 서식에 따라 물이 어떻게 나뉘는지 살펴볼까요?

1급수	지표생물: 버들치, 버들개, 열목어, 금강모치, 산천어 등
	물이 아주 차고 오염이 없어 냄새가 나지 않아요. 간단한 정수 후 마실 수 있는 가장 깨끗한 물입니다.

2급수	지표생물: 쏘가리, 피라미, 꺽지, 은어, 퉁사리 등
	비교적 맑고 냄새가 나지 않으며 물속 바닥의 모래나 자갈을 볼 수 있어요. 수돗물로 사용할 수 있으며 수영을 할 수 있는 비교적 깨끗한 물입니다.
3급수	지표생물: 붕어, 잉어, 메기, 각시붕어, 미꾸라지 등
	황갈색의 흐리고 탁한 물이며, 바닥에 자갈과 모래가 희미하게 보여요. 정수 처리 과정을 거쳐 수돗물이나 공업용수로 사용할 수 있는 물입니다.
4급수	지표생물: 실지렁이류, 깔따구류 등
	물이 미지근하며, 불투명하고 물이끼가 아주 많아요. 고약한 냄새가 나는 오염된 물이라 물고기가 살 수 없어요. 특수한 정수 처리 과정을 거쳐야 공업용수로 사용할 수 있는 물입니다.

위 방법에 따라 우리나라의 하천에 가장 많이 사는 물고기를 살펴보면 1위가 피라미인데 주로 2급수에 살고, 2위는 붕어(3급수), 3위가 버들치(1급수)입니다. 4위 갈겨니(2급수), 5위 미꾸라지(3급수), 6위 미꾸리(3급수) 순으로 이어집니다.

생태계 질서를 흔드는 생태계 교란 생물

덕유산 깃대종인 금강모치의 개체 수가 점점 줄어들고 있습니다. 환경오염 등의 이유도 있지만 금강모치와 치어를 무분별하게 잡아먹는 무지개송어 때문이에요. 무지개송어처럼 자연적 또는 인위적으로 들어와서 생태계의 균형에 교란을 일으키거나 그럴 우려가 있는 생물을 '생태계 교란 생물'이라고 해요.

국립공원에서는 국립공원의 자연생태계를 위협하는 생태계 교란 생물을 제거하여 멸종위기종 물고기를 보호하고 있습니다. 우리나라의 대표적인 생태계 교란종은 아래와 같아요.

황소개구리	꽃매미
개구리보다 몸길이가 두세 배 정도 크고 울음소리가 소와 닮았어요. 숲 근처의 곤충과 물고기, 개구리, 심지어는 새까지 마구 잡아먹어요. 번식력이 강하고 천적이 거의 없어요.	매미와 체형이 비슷하고 겉날개는 연한 황갈색을 띠고 있는데, 다양한 환경 문제를 일으켜요. 과실수나 농작물에 기생하여 수액을 빨아먹어서 나무가 말라 죽지요. 분비물로 인해 농작물에 질병이 발생하기도 해요.
큰입배스	붉은귀거북
육식성 어종으로 몸이 길고 약간 편평하며, 번식력이 왕성해요. 평균 수명은 15년 정도이고 곤충에서 어류까지 다양한 수생동물을 닥치는 대로 잡아먹어요.	잡식성으로 단단한 등껍질은 진초록색이고 배에 노란 줄무늬가 있어요. 국내에 천적이 거의 없으며 붕어, 미꾸라지 등을 잡아먹어요. 자라와 남생이 등과 서식처 경쟁 과정에서 수중생태계의 먹이사슬을 교란시키고 있어요.

외래종 잡는 '토종' 특공대

국립공원을 비롯한 우리나라의 생태계를 파괴하는 생태계 교란 생물에게도 대개 천적이 있어요. 어떤 천적인지 살펴볼까요?

가물치와 쏘가리 납신다!

최근 생태계 교란 생물인 큰입배스와 블루길의 수를 줄일 방법을 찾았어요. 큰입배스는 유입 경로가 정확하지 않은 블루길(원산지 아메리카)과 함께 생태계 최상층에 자리 잡으며 물에 사는 곤충, 작은 물고기, 알 등을 닥치는 대로 잡아먹어 생태계를 파괴해 왔어요. 그런데 이런 물고기들이 우리나라 토종 물고기 앞에서는 꼼짝하지 못한다는 사실! 바로 가물치와 쏘가리가 그 주인공이랍니다.

몸길이가 50~60cm로 큰 물고기인 가물치는 자신보다 크기가 작은 외래종 물고기를 잡아먹어 개체 수를 줄입니다. 게다가 가물치는 수심이 얕은 가장자리에서 헤엄치기 좋아하는데, 그 주변에 큰입배스와 블루길의 알이 많아서 가물치가 이 알까지 먹어 치워요. 쏘가리는 큰입배스의 새끼를 잡아먹고 조금 더 자라면 블루길을 먹어 없애며 생태계 교란 생물들을 혼내고 있어요.

가물치

물장군 납신다!

물고기, 청개구리 등을 닥치는 대로 잡아먹어 생태계를 파괴하는 황소개구리의 수를 줄이는 생물은 다름 아닌 토종 곤충인 물장군이에요. 연못이나 습지에 주로 사는 물장군은 몸길이 7~8cm로 물속에 사는 곤충 가운데 매우 큰 편에 속해요. 물속 먹이사슬에서 가장 위쪽을 차지하는 포식자인 물장군은 곤충, 물고기, 개구리처럼 자신보다 작은 생물 대부분을 잡아먹어요. 그중에서도 황소개구리 올챙이는 새끼 물고기보다 속도가 느려 물장군의 먹잇감이 되기 쉽지요. 물장군으로 인해 올챙이 개체 수가 줄어든 황소개구리는 점차 성체 수도 줄어들고 있어요.

물장군

꽃매미벼룩좀벌 납신다!

어른 손톱 크기의 꽃매미벼룩좀벌은 우리나라에서 처음 발견된 토종벌이에요. 한편 생태계 교란종 중 하나인 꽃매미는 원산지가 중국으로 추정되는데, 우리의 토종벌 꽃매미벼룩좀벌이 꽃매미를 없애 주는 것으로 알려졌어요.

꽃매미벼룩좀벌은 9, 10월에 꽃매미의 알에 자신의 알을 낳아요. 꽃매미 알에서 태어난 꽃매미벼룩좀벌의 애벌레는 알에 기생하면서 영양분을 빼앗아 먹고 자란답니다. 결국 영양분을 다 빼앗겨 버린 꽃매미의 알은 죽고 마는 것이지요.

추억 속 곤충, 무주에서 만나는 환경 지표종 반딧불이

반딧불이를 본 적이 있나요? 반딧불이는 깨끗한 환경에서만 살 수 있어서 수질과 토양이 오염되고 빛 공해가 심한 도시에서는 찾아보기 힘든 곤충이에요. 그래서 반딧불이는 환경 지표곤충으로 분류되지요. 반딧불이를 보기 어렵다는 것은 그만큼 환경이 나빠졌다는 뜻이랍니다.

- **몸길이** : 12~18mm
- **별칭** : 반디, 개똥벌레 등
- **사는 곳** : 재래식 논이나 연못 등 물이 고인 곳
- **먹이** : 애벌레는 다슬기, 물달팽이, 논우렁이 등
- **외모 특징** : 주로 검은색. 배마디 아래 끝에 옅은 노란색 빛을 내는 발광기가 있음

무주의 장소 마케팅, '무주 반딧불 축제'

공기 좋고 물도 맑은 무주 설천면은 반딧불이를 만날 수 있는 몇 안 되는 장소 중 하나예요. 환경오염으로부터 위태로워지는 반딧불이를 지키기 위해 이곳 반딧불이와 그 서식지를 천연기념물로 지정해 보호하고 있어요. 설천면 일대에는 애반딧불이와 늦반딧불이 2종이 서식합니다.

무주 반딧불 축제는 청정환경의 지표곤충인 반딧불이를 되살리자는 인식에서 출발한 축제예요. 보통 8월 말에서 9월 초 사이에 열리는 축제로, 환경·곤충 체험 행사를 비롯해 문화·예술·놀이 행사와 민속체험, 먹거리 행사 등 다양한 프로그램을 즐길 수 있답니다.

눈꽃 피는 겨울왕국, 덕유산국립공원

'개골산'이라는 이름을 들어 본 적 있나요? 겨울의 금강산을 일컫는 말이에요. 그에 못지않게 겨울 정취가 황홀하고 아름다운 덕유산 역시 개골산으로 불리곤 해요.

눈 쌓인 겨울 덕유산

덕유산국립공원에 눈이 많이 내리는 이유는?

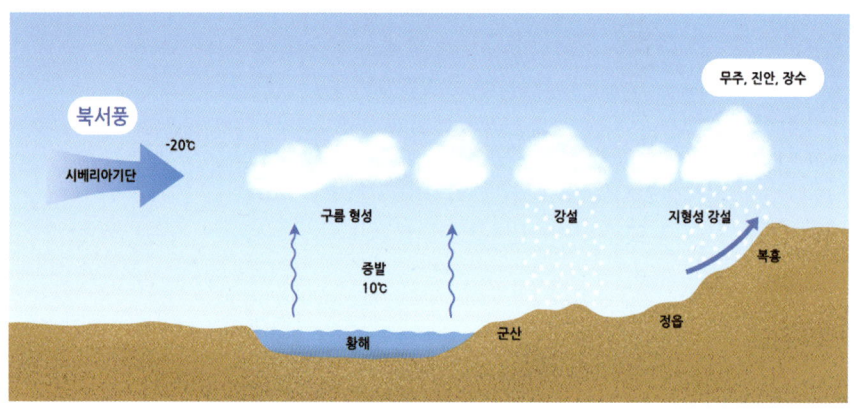

 덕유산국립공원에는 눈이 많이 내려요. 그 지역에 유독 눈이 많이 내리는 이유는 시베리아기단 때문이에요. 차갑고 건조한 시베리아기단이 상대적으로 기온과 습도가 높은 우리나라 서해를 지나면서 열과 수증기를 흡수해요. 서해의 따뜻한 공기가 상승하면서 구름이 만들어지는데, 구름 속 물방울과 얼음이 중력을 이기지 못해 땅으로 떨어지며 눈이 되어 내리는 것이랍니다.

겨울왕국을 안전하게 즐기는 법

많은 사람이 아름다운 겨울철 덕유산을 탐방하는데요, 겨울철 등산은 위험하기도 해서 반드시 안전 수칙을 준수해야 해요. 어떤 수칙이 있는지 알아볼까요?

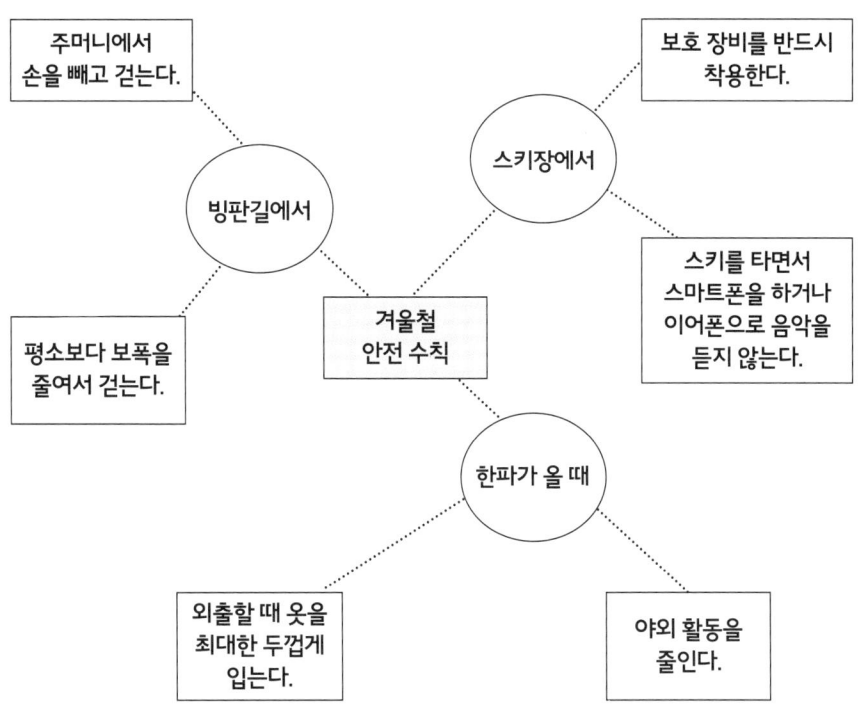

재미나고 예쁜 우리말로 부르는 눈의 이름

우리말에는 다양한 눈을 칭하는 단어가 있어요. 한번 알아볼까요?

- 함박눈 : 굵고 탐스럽게 내리는 솜 모양 눈을 함박꽃에 비유하여 이르는 말이에요.
- 싸락눈 : 부스러진 쌀알을 싸라기라고 해요. 빗방울이 갑자기 찬 바람을 만나 얼어서 떨어지는 눈으로, 싸라기처럼 생겼어요.
- 진눈깨비 : 비와 눈이 함께 섞여 내리는 눈이에요. 눈이 내리다가 그중 일부가 녹으면 비가 되어서 눈과 함께 내리는 거지요.
- 소낙눈 : 갑자기 세차게 쏟아지다가 곧 그치는 눈이에요.
- 도둑눈 : 밤에 아무도 알아채지 못하게 몰래 내리는 눈을 말해요.

4 덕유산국립공원에서 만나는 우리 역사

암행어사 출두요! 박문수가 걸었던 구천동 어사길 코스

앞서 덕유산국립공원 탐방 코스로 구천동계곡 코스를 살펴봤어요. 구천동은 덕유산 향적봉에서 시작해 무주의 나제통문까지 36km에 달하는 계곡으로, 맑은 물과 기암괴석이 어우러져 아름다운 풍광을 자랑하는 곳입니다. 이러한 구천동의 이름에 관하여 다양한 이야기가 있어요. 이 계곡에 9천 명의 승려가 살았다는 데서 유래했다고도 하며, 구씨와 천씨가 집성촌을 이루었기 때문이라는 이야기도 있어요.

더불어 소설 『박문수전(朴文秀傳)』에도 관련된 이야기가 전해져요.

한 마을의 큰 권력을 소유한 천석두라는 이가 구제서라는 사람의 아내와 며느리를 빼앗아 자신의 아내와 며느리로 삼으려 했어요. 이때 암행어사 박문수가 등장하여 구제서 집안을 구원하고 천씨 일가를 징벌하였다고 하며, 이후 구씨와 천씨들은 평화롭게 잘 어우러져 살았다고 해요.

박문수 초상(1691~1756)

어사 박문수가 민심을 살핀 이야기에 엮인 길이 바로 구천동 어사길 코스예요. 저지대의 완만한 코스로, 온 가족이 걷기 좋은 탐방로지요.

향적봉 2코스인 구천동 탐방지원센터에서 백련사 방향으로 700m를 걷다 보면 구천동 어사길의 초입인 덕유 대자연학습장(구천동 자연관찰로)이 나옵니다. 계곡을 따라 걸으면 자연생태계를 느낄 수 있는 금강모치 생태 놀이터를 만날 수 있어요. 또 소원 성취의 문, 무병장수 길 등 마음을 치유할 수 있는 건강 코스가 조성되어 있어 다양하게 즐길 수 있는 길이랍니다.

암행어사로 유명한 박문수는 조선 경종 3년(1723)에 33세의 나이로 과거에 급제하였어요. 경종 다음 왕인 영조 시대에 여러 차례 암행어사로 임명돼 탐관오리들을 적발하고 백성 구제에 힘썼지요. 탐관오리란 탐욕스러운 관리와 부정을 저지르는 관리를 가리키는 말이에요. 백성의 재물을 빼앗고 나쁜 짓을 저질렀던 벼슬아치들이지요. 가장 유명한 박문수 외에 조선 최고의 실학자 정약용, 추사체로 유명한 김정희, 성리학의 대가 이황도 암행어사였다고 해요.

암행어사는 어떤 일을 하던 사람이었을까요? 암행(暗行)은 몰래 다닌다는 뜻이고, 어사(御史)는 왕의 특별한 명령을 받고 지방에 파견되던 벼슬을 말해요. 암행어사는 왕의 명령을 받아서 지방 관리들이 백성을 잘 다스리고 있는지 '몰래' 살피는 일을 했답니다.

임금은 암행어사가 임무를 수행하러 떠나기 전에 봉서와 사목, 유척과 마패를 지급했어요. 봉서는 암행할 지역과 임무가 적힌 비밀 편지예요. 사목은 암행어사가 해야 할 일들을 적어 놓은 책, 유척은 관아에 있는 형구*의 크기가 법에 어긋나지 않는지 재기 위한 자입니다. 마패는 일종의 신분증인데, 지방 곳곳에 있는 '역' 즉 관청에서 말을 빌릴 수 있는 권한을 증명하는 패였지요.

암행어사는 임금의 명을 집행하는 사람이었기 때문에 관리에 대한 처벌,

---

* 형구 : 형벌을 가하거나 고문을 할 때 쓰는 여러 가지 기구.

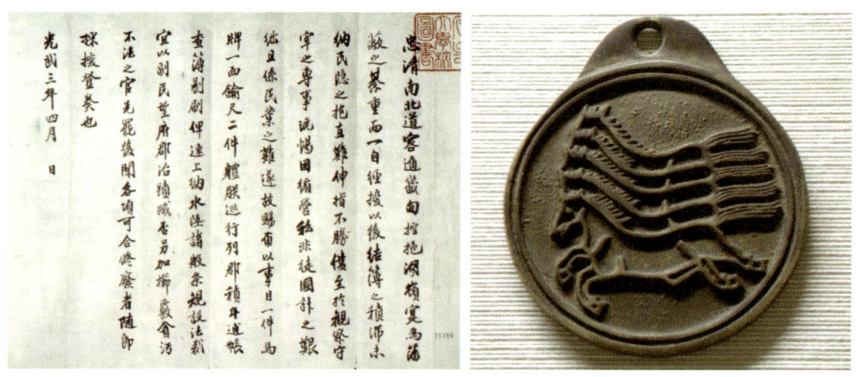

암행어사가 임무를 수행하기 전에 받는 봉서(좌)와 마패(우)

옥에 갇힌 사람들에 대한 재판, 백성의 민원 처리 등 모든 문제를 직접 처리할 수 있었어요. 임무를 마치고 나서는 수령의 잘못과 지역의 민심, 미담 등을 적어 임금에게 보고했답니다.

오대산국립공원

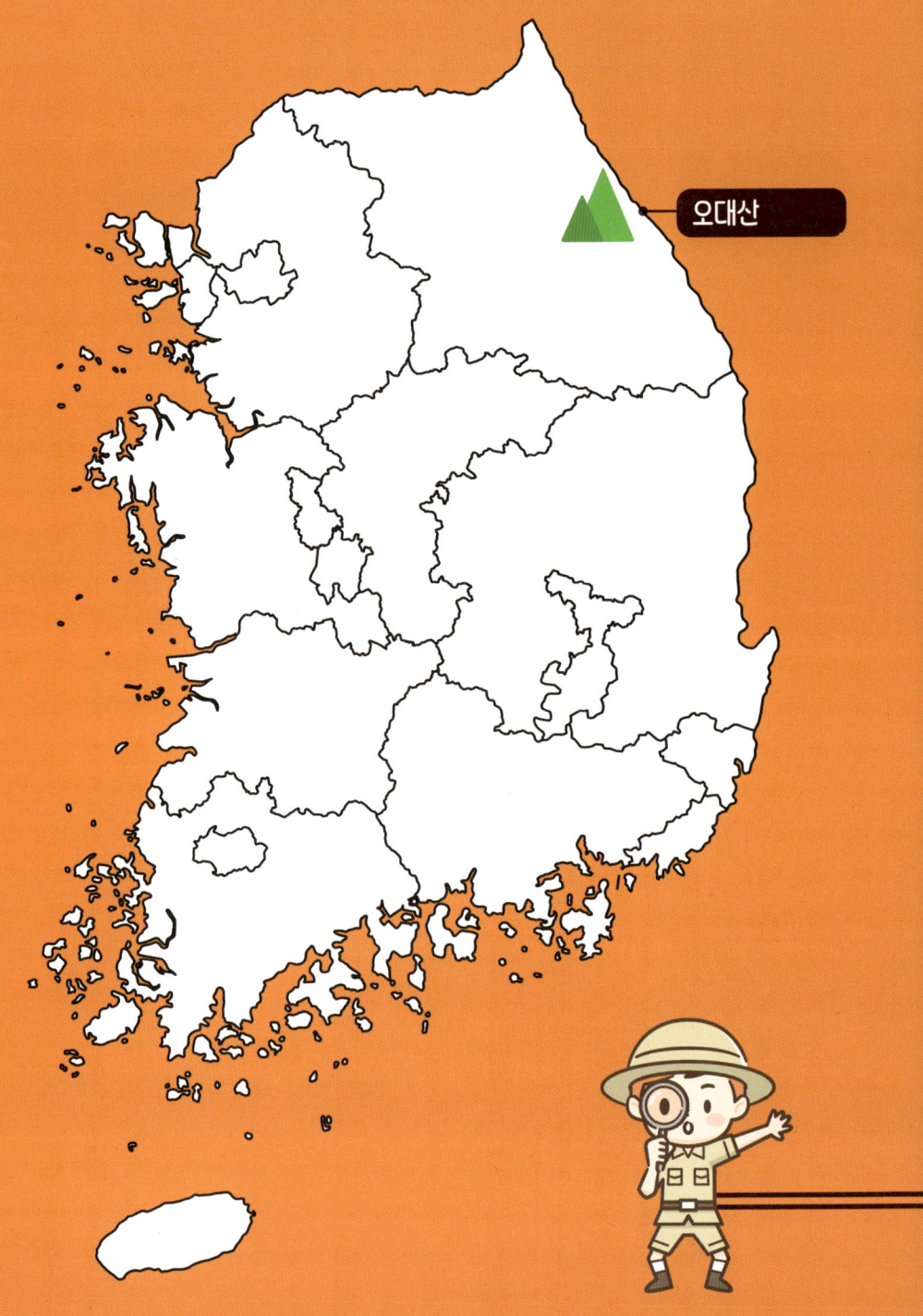

교과 과정과 연계되어 있어요!
* 2022 개정 교육과정 기준

1. 오대산국립공원을 소개합니다
   초등 사회 5~6학년군
   ① 우리나라 국토 여행

2. 오대산국립공원의 깃대종
   초등 과학 3~4학년군
   ② 동물의 생활, ③ 식물의 생활

3. 오대산국립공원에서 만나는 우리 역사와 문화유산
   초등 사회 5~6학년군
   ④ 유적과 유물로 살펴본 옛사람들의 생활
   ⑤ 달라지는 시대, 변화하는 생활 모습

오대산국립공원을 소개합니다

오대산국립공원은 어떤 곳일까?

오대산국립공원은 1975년에 지정된 국립공원으로, 우리나라의 가장 크고 긴 산줄기를 이루는 백두대간 위에 위치합니다. 강원특별자치도 강릉시, 평창군, 홍천군에 걸쳐 있어요.

오대산국립공원은 아름다운 주변 경관과 풍부한 생태 문화자원을 골고루 갖춘 생태 관광지 가운데 하나이지요. 동쪽 노인봉(1,338m) 아래로는 천하의 절경 소금강산이 자리하며, 서쪽에는 설경이 아름다운 계방산(1,577m)이 있어요.

오대산국립공원은 조선왕조실록을 보관하였던 오대산 사고를 비롯해 많은 유물과 유적이 있어 역사적 가치가 높은 곳입니다. 오대산 상원사에는 국내에서 가장 오래된 동종인 상원사 동종(국보 제36호)이 있지요. 또 월정사에 가면 고려 시대 석탑 양식을 대표하는 월정사 팔각구층석탑(국보 제48호)을 만날 수 있고, 전나무숲을 거닐며 산림욕도 즐길 수 있어요.

오대산 이름의 유래

오대산은 비로봉(1,563m)을 중심으로 동대산(1,434m), 두로봉(1,422m), 상왕봉(1,491m), 호령봉(1,561m) 5개의 큰 봉우리가 있어 여기서 이름이 유래되었다고 해요. 또 북대(미륵암), 중대(사자암), 동대(관음암), 서대(수정암), 남대(지장암)의 5개 암자에서 유래됐다는 이야기도 전해지고 있답니다.

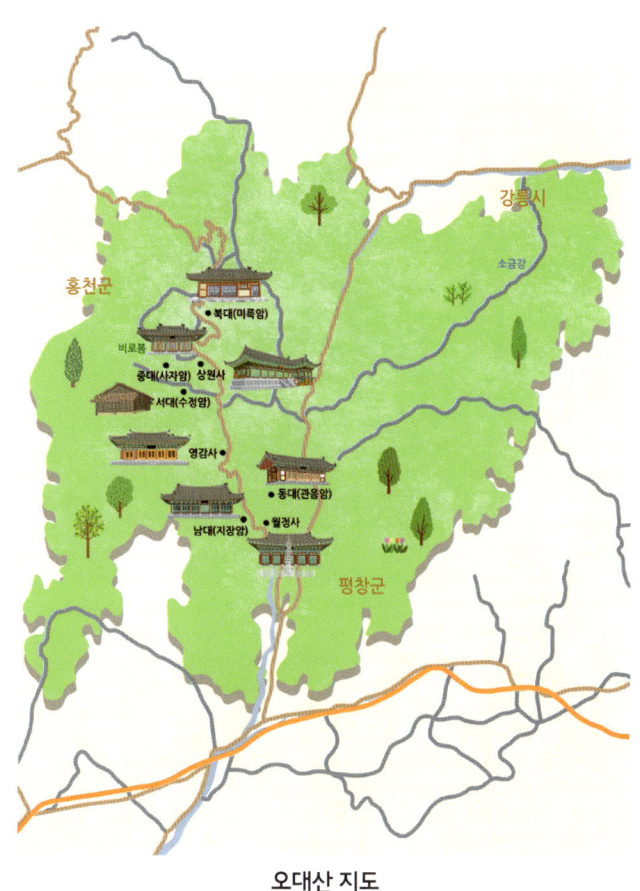

오대산 지도

오대산국립공원의 깃대종

오대산국립공원 깃대종 ① 긴점박이올빼미

긴점박이올빼미는 올빼밋과에 속하는 몸길이 50cm의 새로, 주로 고산지대 숲속에 서식하며 고목 등에 둥지를 짓고 사는 희귀한 텃새입니다. 외

모와 울음소리는 올빼미와 비슷하지만, 가장 확실한 차이는 배에 있는 깃무늬예요. 올빼미는 배 깃털이 가로줄과 세로줄 섞인 쐐기 모양인데, 긴점박이올빼미는 몸 전체에 어두운 갈색의 넓은 세로줄 무늬가 있어요. 긴점박이올빼미는 주로 쥐나 양서류, 곤충 등을 먹어요.

그런데 우리나라에서 긴점박이올빼미는 강원 산악지역 등에서만 드물게 볼 수 있는 멸종위기 2급 텃새예요. 환경부는 긴점박이올빼미 종 보전을 위해 2011년 오대산국립공원 내에 최초의 인공 둥지를 설치했어요. 긴점박이올빼미는 나무줄기 사이에 알을 낳는 습성이 있는데, 이와 유사한 환경을 인공적으로 조성한 것이지요. 그 결과 인공 둥지에서 산란과 부화, 성장을 하는 긴점박이올빼미들이 포착되었어요. 수집된 정보를 바탕으로 국립공원공단은 긴점박이올빼미 서식지 보전 및 관리를 위해 계속 힘쓰고 있답니다.

부엉이와 올빼미를 구별할 수 있을까?

올빼미와 부엉이는 몹시 닮았죠. 그런데 올빼미와 달리 부엉이에게는 '뿔'이라고 불리는 깃이 있어요. '귀깃' 또는 '귀뿔깃'이라고 해요. 즉 귀깃이 있으면 부엉이, 없으면 올빼미입니다.

우리 조상들은 부엉이가 '부엉부엉' 운다고 해서 부엉이, 소쩍새가 '소쩍소쩍' 운다고 해서 소쩍새라고 불렀어요. 하지만 부엉이, 소쩍새, 올빼미는 모두 한 종류의 새랍니다. 우리나라에서는 생김새와 우는 소리가 조금씩 다르니 각기 다른 이름으로 부르지만, 서양에서는 올빼미와 부엉이 모두 'owl'이라고 해요.

올빼미	부엉이

올빼미는 몸길이 약 40cm의 텃새로 마을 인근에서 깊은 숲속까지 널리 퍼져 살아요. 얼굴에 있는 검은 테가 특징이에요.	수리부엉이는 몸길이가 70cm나 되는 대형 조류예요. 머리에 난 귀 모양 깃털이 큰 특징이에요. 깃털은 진한 갈색에 검은색 세로무늬가 있고, 눈은 붉은색이에요. 어두워지면 활동을 시작하여 새벽 해가 뜰 무렵까지 활동해요.

오대산국립공원 깃대종 ② 노랑무늬붓꽃

안녕? 나는 오대산에서 처음 발견된 한국 특산식물이라서 오대산 붓꽃이라는 별명도 있는 노랑무늬붓꽃이야. 높은 산 숲속이나 풀밭 등에서 사는 여러해살이풀이란다.

땅속줄기가 옆으로 뻗으면서 번식하고 꽃은 4~5월에 피지. 나의 꽃잎은 흰 바탕에 노란 무늬가 있어.

나는 오대산 외에 태백산이나 소백산, 주왕산 등에서도 만날 수 있단다.

선재길에서 만나는 야생화

선재길은 월정사 일주문부터 상원사까지 이어진 10km의 숲길로 60년대 말 도로가 나기 전부터 스님들과 불교 신도들이 다니던 길이에요. 원래 경전인 『화엄경』에 나오는 선재동자에서 유래한 길로 선재길을 걷는 이들도 선재동자처럼 지혜로운 깨달음을 얻기를 바라는 뜻에서 이름 붙었어요.

오대천을 품은 아름드리 숲 터널을 지나면서 다양한 동식물 친구들을 만날 수 있답니다. 어떤 친구들인지 살펴봐요.

나도제비란	금강초롱꽃
'오리란'이라고도 불리는 이 난은 높은 산에서 사는 여러해살이풀로, 10~20cm 정도 자라나요. 꽃은 4~6월에 피며 꽃 색깔은 연한 분홍색 또는 드물게 흰색 바탕에 붉은 점이 있기도 해요.	8~9월에 연한 자색의 종 모양으로 피어나는 금강초롱꽃은 한국 특산 식물이에요. 우리나라에서는 금강산에서 처음 발견되었다고 하여 '금강초롱꽃'이라 불리지요.

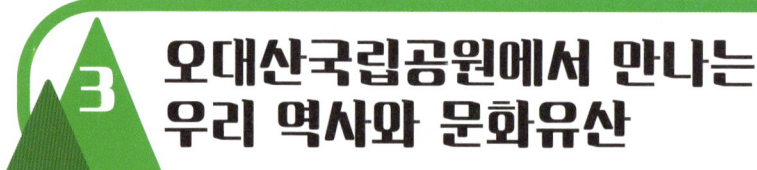

오대산국립공원에서 만나는 우리 역사와 문화유산

오대산 전나무 숲길과 월정사

월정사는 신라 선덕여왕 12년(643)에 자장율사가 창건한 절입니다. 그는 중국 유학 시절에 문수보살을 만났는데, 문수보살을 다시 만나고자 정진하던 터가 바로 월정사 자리라는 전설이 있어요. 월정사는 고려 충렬왕 33년(1307)에 화재로 모두 타 버려 재건했고, 조선 순조 33년(1833)에 또 전소된 것을 헌종 10년(1844)에 다시 지었어요. 그러다 6·25 전쟁 때 폐허가 됐고, 복원 작업을 거쳐 오늘날에 이르렀어요.

오대산 월정사 전경

월정사의 고려 문화유산, 팔각구층석탑과 석조보살좌상

월정사 팔각구층석탑(좌)과 월정사 석조보살좌상(우)

　월정사 팔각구층석탑은 고려 초기 석탑 양식을 대표하는 다각 다층 석탑으로, 고려 시대 귀족적인 불교 미술의 대표 문화유산입니다. 전체적인 비례와 우아한 조형미를 갖추고 있지요. 탑의 머리 장식인 금동은 청동으로 만들어져 금속 공예 연구의 중요한 자료가 되고 있어요. 1970년 해체 복원 당시 1층과 5층 옥개석에서 다양한 사리 장엄구가 발견되기도 했답니다.

　석조보살좌상은 1.8m의 보살상으로, 머리에 높다란 관을 쓰고 팔각구층석탑을 향해 한쪽 무릎을 굽혀 앉아 공양하는 모습이에요. 갸름하면서도 복스러운 얼굴에는 신비로운 미소가 어려 있어요.

조선 역사의 기록을 지켜 온 오대산 사고

조선왕조실록은 국보 제151호이자 유네스코 세계 기록유산으로, 인류 전체의 소중한 문화유산입니다. 조선왕조실록은 조선 태조에서부터 철종 때까지 25대 왕, 472년간(1392~1803)의 역사를 무려 총 183권 888책에 기록한 역사 기록물이에요. 조선왕조실록을 비롯한 국가의 중요한 서적을 보관하던 건물을 사고(史庫)라고 합니다.

오대산 사고

세조와 인연이 깊은 상원사 이야기

신라 성덕왕 4년(705)에 보천과 효명 두 왕자가 오대산 중대에 진여원(眞

如院)이라는 작은 절을 지었어요. 세월이 흘러 진여원이 사라진 후 진여원이 있던 자리 위쪽에 절을 세웠는데, '진여원 위쪽 절'이라 하여 상원사(上院寺)라 불리게 되었지요. 한편 상원사에는 세조와 얽힌 문화유산이 여럿 있어요. 속리산국립공원 편에서 읽은 세조와 정이품송 이야기를 떠올리며 아래 이야기들도 읽어 보세요.

문수보살과 세조 이야기

단종을 몰아내고 왕위에 오른 세조는 욕창이라는 심한 피부병을 앓았어요. 그 피부병이 단종의 어머니인 현덕왕후가 내린 저주라는 소문도 돌았지요. 세조는 병을 고치기 위해 전국을 헤매다 오대산의 절에 들러 기도를 하고 목욕을 했어요. 그러다 주변에서 한 남자아이를 발견하고는 이렇게 말했지요.

"내 등 좀 밀어 주거라."

아이가 세조를 씻긴 지 얼마가 지났을까요? 세조는 아이에게 입단속을 시켰어요.

"어디 가서 임금의 등을 밀었다고 말하지 마라."

그러자 그 아이가 이렇게 대꾸하는 거예요.

"임금께서도 문수보살을 만났다고 말하지 마십시오."

그러더니 아이는 흔적도 없이 사라졌다고 해요. 신기하게도 그 후 세조는 피부병이 나았지요. 이후 세조는 그 고마운 마음을 담아 남자아이 모습의 문수보살 불상을 만들었다고 전해집니다.

위 이야기에 나오는 남자아이 모습의 문수보살 불상이 바로 국보 제221호 상원사 목조문수동자좌상이에요.

평창 상원사 목조문수동자좌상

보통 불상을 만들 때 속에 귀한 물건을 함께 넣는데 그것을 '복장품'이라고 해요. 상원사 목조문수동자좌상 안에서도 복장품이 발견되었어요. 거기에는 '조선 세조의 둘째 딸 의숙공주 부부가 세조 12년(1466)에 이 문수동자상을 만들어 모셨다'라는 내용이 적혀 있었지요. 이를 통해 작품이 만들어진 시대와 유래가 확실히 밝혀졌다는 점에서 조선 전기 불상 연구에 귀중한 자료가 되었답니다.

다음은 세조와 고양이상에 얽힌 이야기예요.

상원사 고양이상과 세조 이야기

세조는 피부병이 나은 것에 감사하여 상원사를 찾아 예불을 올리고는 했어요. 어느 날 법당에 고양이가 갑자기 나타나서 세조의 옷자락을 자꾸 물고 늘어지는 거예요. 이상한 낌새를 느낀 세조는 신하들에게 법당 주변을 살펴보게 했지요.

그런데 정말 불당 안에 자객이 숨어 있는 게 아니겠어요? 고양이 덕에 자객을 발견해 목숨을 구한 세조는 상원사에 밭을 하사하고, 고양이상도 만들었어요. 고양이에 대한 세조의 보은은 여기서 그치지 않았지요. 세조는 고양이를 함부로 죽이지 못하게 명하고, 서울 근교 사찰에도 묘전을 하사하였다고 해요.

상원사에 또 어떤 문화유산이 있을까요? 신라 성덕왕 24년(725)에 만들어진 동종이 있어요. 이 종은 우리나라에 완전한 형태로 남아 있는 통일신라 시대의 세 범종 중 하나이며, 크기는 높이 167cm, 입 지름*은 91cm입니다. 우리나라에 현존하는 종 가운데 가장 오래됐고 한국 종의 고유한 특색을 갖춘 종이에요. 조각 수법이 뛰어나며 종 몸체의 아래와 위의 끝부분이 안으로 좁혀지는 항아리 같은 모습을 하고 있어요.

원래 안동의 관풍루에 걸려 있던 것을 조선 예종 원년(1469)에 상원사로 옮겼다고 해요. 안동에서 소백산 죽령고개를 넘어올 때 종유를 하나 떼어 그곳에 묻어 두었다는 전설도 있는데, 실제로 36개의 종유 가운데 하나가

---

* 입 지름 : 그릇이나 도자기의 뚫린 부분 지름.

없는 것이 특징입니다.

　종의 표면에는 구름 위로 하늘을 날면서 옷깃을 흩날리며 악기를 연주하는 여자 선인을 그린 '비천상'이 새겨져 있어요.

상원사 동종

작은 금강산 소금강지구, 금강산과 얼마나 닮았을까?

소금강은 오대산국립공원의 동쪽 기슭에 있어요. 오대산 소금강은 금강산 못지않은 장엄한 경치를 자랑해 1970년에 명승지 제1호로 지정되었지요. 이곳은 수많은 기암괴석과 폭포, 소가 어우러져 절경을 자랑해요. 그뿐만 아니라 옛 유적들이 곳곳에 남아 있는 유서 깊은 곳이기도 합니다.

소금강의 원래 명칭은 '청학산'이었으나, 율곡 이이 선생의 『유청학산기(遊靑鶴山記)』에서 지금의 이름이 언급됐어요. 율곡 선생은 청학산을 두고 수려한 기암괴석과 맑은 폭포 등의 풍경이 마치 금강산을 축소해 놓은 듯 아름답다고 했어요. 그래서 주요 명소와 경관에 새로운 이름을 붙이고, 산의 이름도 '소금강'이라 명명했지요. 율곡 이이의 이야기가 흐르는 '1569 율곡 유산길'도 인기랍니다.

'작은 금강산'이라는 이름답게 소금강에는 금강산의 지형 이름을 그대로 따온 곳이 많아요. 구룡연, 비봉폭, 무릉계, 옥류동, 만물상, 선녀탕, 망군대, 십자소, 세심폭포 등의 절경을 품고 있습니다. 또 신라의 마의태자가 쌓았다는 금강산성(아미산성)도 남아 있답니다.

우리나라 국립공원 탐방은 『가자! 우리나라 국립공원』 2권에서 계속됩니다.

자료 출처

조선일보, 남해일보, 한겨레신문
국립공원공단, 환경부, 국가유산청, 국토부
한국유네스코위원회, 국립생물자원관 한반도의 생물다양성
한국민족문화대백과

ⓒ이윤지 2025

1판 1쇄 발행 2025년 3월 26일
1판 2쇄 발행 2025년 7월 4일

지은이 이윤지
펴낸이 황상욱

편집 이은현 박성미 | **디자인** 박선향 박지우
마케팅 윤해승 윤두열 | **경영지원** 황지욱
제작처 한영문화사

펴낸곳 (주)휴먼큐브 | 출판등록 2015년 7월 24일 제406-2015-000096호
주소 03997 서울시 마포구 월드컵로14길 61 2층
문의전화 02-2039-9462(편집) 02-2039-9463(마케팅) 02-2039-9460(팩스)
전자우편 yun@humancube.kr

ISBN 979-11-6538-443-2 (73910)

- 아이휴먼은 (주)휴먼큐브의 어린이 교양 브랜드입니다. 이 책의 판권은 지은이와 휴먼큐브에 있습니다.
- 이 책 내용의 전부 또는 일부를 재사용하려면 반드시 양측의 서면동의를 받아야 합니다.
- 잘못 만들어진 책은 구입하신 서점에서 교환해드립니다.

인스타그램 @humancube_group 페이스북 fb.com/humancube44

선생님, 또 어디 가요?

박동한 지음 | 320쪽 | 휴먼큐브

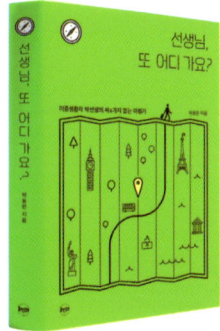

꼼꼼한 현직 지리 교사의
겁 없는 세상 여행, 유쾌 발랄 이중생활!

박대훈의 사방팔방 지식 특강

박대훈·최지선 지음 | 400쪽 | 휴먼큐브

지리 속에 숨어 있는
문화/경제/생활/음식/여행/스포츠 이야기

탐탐책방
스마트스토어

탐탐책방
유튜브

교과서 속 지식이 국립공원에 다 있다!

지리산과 설악산은 왜 다를까?
지리 시간에 배울 거야.

벼슬을 가진 소나무가 있다고?
역사 시간에 배울 거야.

주사위는 왜 정육면체일까?
수학 시간에 배울 거야.

단풍잎은 왜 빨갛지?
과학 시간에 배울 거야.

아! 국립공원에서 한꺼번에 배워 볼까?
국립공원으로 떠나는 생생한 교과서 여행!

값 20,000원

ISBN 979-11-6538-443-2 (73910)